Ivan Koesjnir

Economie van Zuid-Amerika

Serie "Economie in landen"

eerst gepubliceerd: 2021
laatst bijgewerkt: 2021-02-02

Ivan Koesjnir. Economie van Zuid-Amerika. Serie "Economie in landen". - 2021. - 71 pages.

Dit boek over de economie van Zuid-Amerika van de jaren 1970 tot de jaren 2010. Brongegevens uit UN Data.

Grootte. In de jaren 2010 was het bruto binnenlands product van Zuid-Amerika gelijk aan US$4,0 biljoen per jaar; de waarde van de landbouw was US$209,5 miljard; de waarde van de industrie was US$780,8 miljard.

Productiviteit. In de jaren 2010 bedroeg het bruto binnenlands product per hoofd van de bevolking $9.838,9, de waarde van de landbouw per hoofd $511,1, de waarde van de industrie per hoofd $1.904,7. Omdat de productiviteit tussen het gemiddelde van onder het gemiddelde en het gemiddelde ligt, wordt de economie geclassificeerd als in ontwikkeling.

Groei. In de jaren 2010 bedroeg de groei van het bruto binnenlands product 1,2%; de groei van de landbouw was 2,0%; de groei van de industrie was 0,22%.

Structuur. In de jaren 2010 omvatte de economie van Zuid-Amerika: diensten (42,2%), industrie (22,1%), handel (15,6%), transport (7,7%), constructie (6,4%) en landbouw (5,9%).

Uitvoer en invoer. In de jaren 2010 was de invoer 11,3% hoger dan de uitvoer, de netto-invoer was gelijk aan 1,8% van het BBP.

Consumptie en reproductie. De houding van reproductie ten opzichte van de consumptie is niet beter dan het mondiale gemiddelde, dus het aandeel van het BBP in de wereld zal niet toenemen.

Serie "Economie in landen": parallel.page.link/nl

ISBN: 9798701846713

Inhoud

Part I. Grootte

	de jaren 2010
BBP	US$4,0 biljoen
Het aandeel in de wereld	5,2%
Het aandeel in Amerika	15,8%

Hoofdstuk I. Bruto binnenlands product

Het bruto binnenlands product van Zuid-Amerika steeg van US$246,0 miljard per jaar in de jaren 1970 tot US$4,0 biljoen per jaar in de jaren 2010, dat wil zeggen met US$3,8 biljoen of 16,4 keer. De verandering vond plaats op US$3,3 biljoen als gevolg van een 5,5-voudige stijging van de prijzen, en ook op US$265,6 miljard als gevolg van een 1,6-voudige toename van de productiviteit , evenals op US$227,3 miljard als gevolg van de toename van de bevolking. De gemiddelde jaarlijkse groei van het bruto binnenlands product is 2,8%. De minimumwaarde van het BBP bedroeg US$116,5 miljard in 1970. De maximumwaarde van het bruto binnenlands product bedroeg US$4,6 biljoen in 2013.

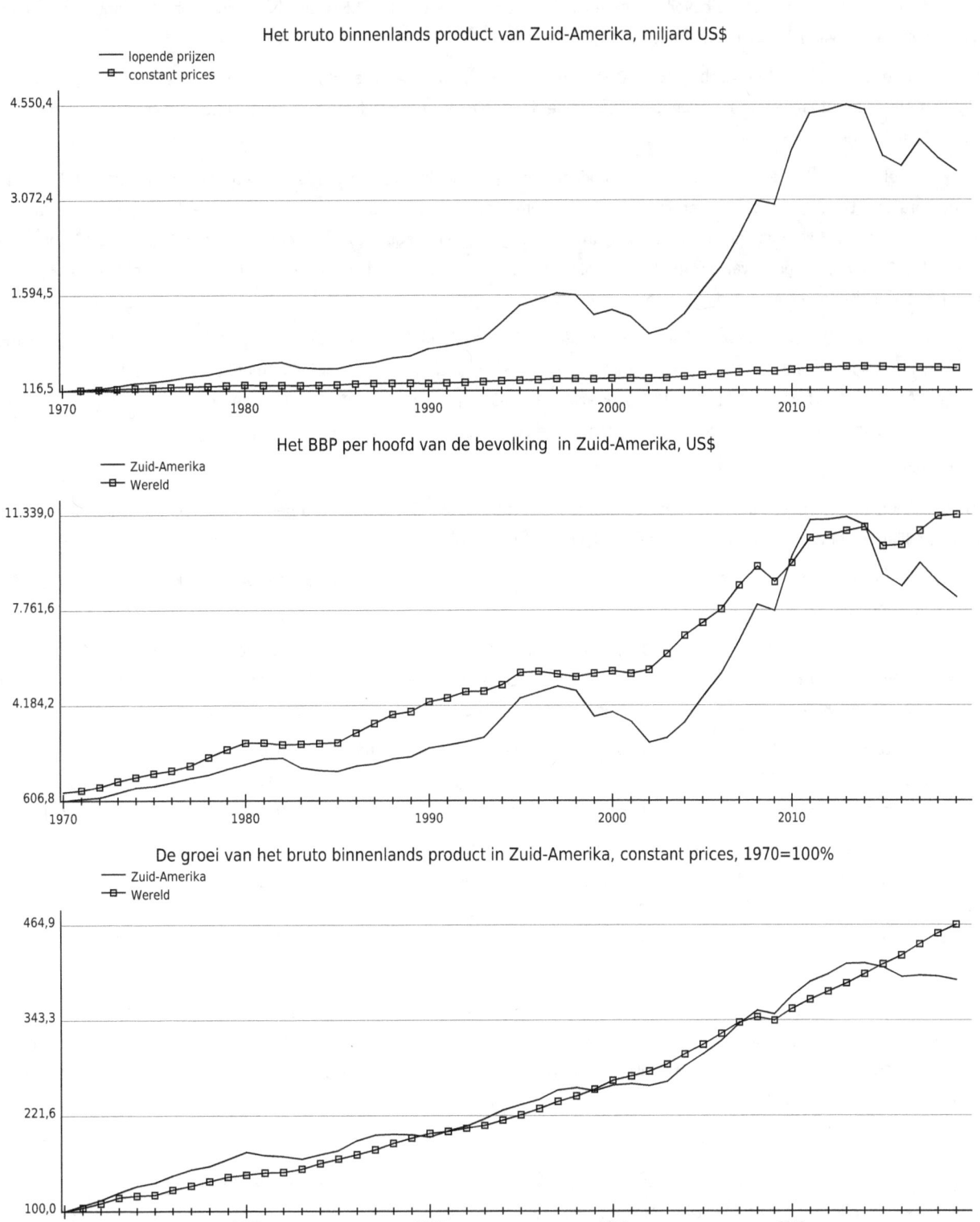

Het bruto binnenlands product van Zuid-Amerika, miljard US$

Het BBP per hoofd van de bevolking in Zuid-Amerika, US$

De groei van het bruto binnenlands product in Zuid-Amerika, constant prices, 1970=100%

de jaren 1970

Het bruto binnenlands product van Zuid-Amerika bedroeg in de jaren 1970 US$246,0 miljard per jaar. Het aandeel in de wereld was 3,8%, en 10,9% in Amerika.

Het bruto binnenlands product van Zuid-Amerika bestond uit: huishoudelijke uitgaven (64,3%), kapitaalvorming (26,6%) en overheidsuitgaven (11,9%).

Het bruto binnenlands product per hoofd in Zuid-Amerika was $1.154,7 in de jaren 1970s, en was vergelijkbaar met Antigua en Barbuda (US$1.165,2), Panama (US$1.176,1). Het bruto binnenlands product per hoofd in Zuid-Amerika was 28,8% lager dan het bruto binnenlands product per hoofd van de bevolking in de wereld ($1.620,8), en was in 3,5 keer lager dan het bruto binnenlands product per hoofd van de bevolking in Amerika ($1.620,8).

De groei van het BBP in Zuid-Amerika bedroeg 5.8% in de jaren 1970, en was vergelijkbaar met Kameroen (5,8%). De groei van het BBP in Zuid-Amerika (5,8%) was groter dan de groei van het bruto binnenlands product in de wereld (4,1%), was groter dan de groei van het BBP in Amerika (4,1%).

Vergelijking met subregio's. Het bruto binnenlands product van Zuid-Amerika was groter dan in Centraal-Amerika (US$107,0 miljard) en in de Caraïben (US$33,4 miljard); maar minder dan in Noord-Amerika (US$1,9 biljoen). Het bruto binnenlands product per hoofd in Zuid-Amerika was in Zuid-Amerika minder dan in Noord-Amerika (US$7,8 duizend), in Centraal-Amerika (US$1.353,3) en in de Caraïben (US$1.258,7). De groei van het bruto binnenlands product in Zuid-Amerika was groter dan in de Caraïben (4,6%) en in Noord-Amerika (3,6%); maar minder dan in Centraal-Amerika (6,2%).

Leiders. Het BBP van Zuid-Amerika in de jaren 1970 bestond uit: Brazilië (41,8%), Argentinië (20,7%), Venezuela (12,6%), Colombia (8,3%), Chili (5,8%), en andere (10,8%). Het bruto binnenlands product per hoofd in Zuid-Amerika onder de leiders: Venezuela ($2.377,0), Argentinië ($1.988,4), Chili ($1.360,6), Brazilië ($968,3) en Colombia ($856,7). De groei van het BBP onder de leiders: Brazilië (8,6%), Colombia (5,7%), Venezuela (4,8%), Argentinië (2,7%) en Chili (2,0%).

de jaren 1980

Het bruto binnenlands product van Zuid-Amerika bedroeg in de jaren 1980 US$531,7 miljard per jaar, en was vergelijkbaar met Afrika (US$538,1 miljard). Het aandeel in de wereld was 3,5%, en 9,8% in Amerika.

Het bruto binnenlands product van Zuid-Amerika bestond uit: huishoudelijke uitgaven (64,6%), kapitaalvorming (22,5%), overheidsuitgaven (12,5%) en netto-uitvoer (1,7%).

Het BBP per hoofd in Zuid-Amerika was $2.005,8 in de jaren 1980s, en was vergelijkbaar met Nigeria (US$1.976,7), Maleisië (US$1.971,3). Het BBP per hoofd in Zuid-Amerika was 35,8% lager dan het bruto binnenlands product per hoofd van de bevolking in de wereld ($3.123,4), en was in 4,1 keer lager dan het bruto binnenlands product per hoofd van de bevolking in Amerika ($3.123,4).

De groei van het bruto binnenlands product in Zuid-Amerika bedroeg 1.7% in de jaren 1980, en was vergelijkbaar met Nieuw-Zeeland (1,7%), Somalië (1,7%), Fiji (1,7%). De groei van het bruto binnenlands product in Zuid-Amerika (1,7%) was minder dan de groei van het BBP in de wereld (3,0%), was minder dan de groei van het bruto binnenlands product in Amerika (2,8%).

Vergelijking met subregio's. Het bruto binnenlands product van Zuid-Amerika was groter dan in Centraal-Amerika (US$244,6 miljard) en in de Caraïben (US$73,3 miljard); maar minder dan in Noord-Amerika (US$4,6 biljoen). Het BBP per hoofd in Zuid-Amerika was in Zuid-Amerika minder dan in Noord-Amerika (US$17,2 duizend), in Centraal-Amerika (US$2,4 duizend) en in de Caraïben (US$2,4 duizend). De groei van het BBP in Zuid-Amerika was minder dan in Noord-Amerika (3,1%), in de Caraïben (3,0%) en in Centraal-Amerika (2,0%).

Leiders. Het bruto binnenlands product van Zuid-Amerika in de jaren 1980 bestond uit: Brazilië (43,6%), Argentinië (18,7%), Venezuela (11,8%), Colombia (9,8%), Chili (4,9%), en andere (11,2%). Het bruto binnenlands product per hoofd in Zuid-Amerika onder de leiders: Venezuela ($3.663,8), Argentinië ($3.320,3), Chili ($2.130,4), Colombia ($1.755,5) en Brazilië ($1.733,7). De groei van het BBP onder de leiders: Colombia (3,4%), Chili (3,3%), Brazilië (2,9%), Venezuela (-0,21%) en Argentinië (-0,83%).

de jaren 1990

Het BBP van Zuid-Amerika bedroeg in de jaren 1990 US$1,2 biljoen per jaar, en was vergelijkbaar met Italië (US$1,2 biljoen). Het aandeel in de wereld was 4,2%, en 12,0% in Amerika.

Het bruto binnenlands product van Zuid-Amerika bestond uit: huishoudelijke uitgaven (66,3%), kapitaalvorming (19,6%) en overheidsuitgaven (15,7%).

Het BBP per hoofd in Zuid-Amerika was $3.765,2 in de jaren 1990s, en was vergelijkbaar met Brazilië (US$3,8 duizend), Dominica (US$3,8 duizend). Het BBP per hoofd in Zuid-Amerika was 25,0% lager dan het bruto binnenlands product per hoofd van de bevolking in de wereld ($5.020,1), en was in 3,4 keer lager dan het bruto binnenlands product per hoofd van de bevolking in Amerika ($5.020,1).

De groei van het bruto binnenlands product in Zuid-Amerika bedroeg 2.5% in de jaren 1990, en was vergelijkbaar met Niger (2,5%), West-Afrika (2,5%). De groei van het bruto binnenlands product in Zuid-Amerika (2,5%) was minder dan de groei van het bruto binnenlands product in de wereld (2,8%), was minder dan de groei van het bruto binnenlands product in Amerika (3,1%).

Vergelijking met subregio's. Het bruto binnenlands product van Zuid-Amerika was groter dan in Centraal-Amerika (US$499,4 miljard) en in de Caraïben (US$115,9 miljard); maar minder dan in Noord-Amerika (US$8,2 biljoen). Het BBP per hoofd in Zuid-Amerika was in Zuid-Amerika groter dan in de Caraïben (US$3,3 duizend); maar minder dan in Noord-Amerika (US$27,9 duizend) en in Centraal-Amerika (US$4,0 duizend). De groei van het BBP in Zuid-Amerika was groter dan in de Caraïben (2,3%); maar minder dan in Centraal-Amerika (3,7%) en in Noord-Amerika (3,1%).

Leiders. Het BBP van Zuid-Amerika in de jaren 1990 bestond uit: Brazilië (50,7%), Argentinië (22,2%), Colombia (7,6%), Venezuela (5,7%), Chili (5,3%), en andere (8,6%). Het BBP per hoofd in Zuid-Amerika onder de leiders: Argentinië ($7.709,2), Chili ($4.435,6), Brazilië ($3.790,9), Venezuela ($3.183,8) en Colombia ($2.530,8). De groei van het bruto binnenlands product onder de leiders: Chili (6,3%), Argentinië (4,2%), Colombia (2,8%), Venezuela (2,4%) en Brazilië (1,6%).

de jaren 2000

Het bruto binnenlands product van Zuid-Amerika bedroeg in de jaren 2000 US$1,8 biljoen per jaar. Het aandeel in de wereld was 3,9%, en 10,9% in Amerika.

Het bruto binnenlands product van Zuid-Amerika bestond uit: huishoudelijke uitgaven (61,8%), kapitaalvorming (19,9%), overheidsuitgaven (16,0%) en netto-uitvoer (2,3%).

Het BBP per hoofd in Zuid-Amerika was $4.952,1 in de jaren 2000s, en was vergelijkbaar met Costa Rica (US$5,0 duizend), Roemenië (US$4,9 duizend), Libanon (US$5,1 duizend). Het bruto binnenlands product per hoofd in Zuid-Amerika was 31,0% lager dan het bruto binnenlands product per hoofd van de bevolking in de wereld ($7.176,3), en was in 3,8 keer lager dan het bruto binnenlands product per hoofd van de bevolking in Amerika ($7.176,3).

De groei van het bruto binnenlands product in Zuid-Amerika bedroeg 3.3% in de jaren 2000, en was vergelijkbaar met Brazilië (3,3%), Groenland (3,3%), Tsjechië (3,3%). De groei van het bruto binnenlands product in Zuid-Amerika (3,3%) was groter dan de groei van het bruto binnenlands product in de wereld (3,0%), was groter dan de groei van het BBP in Amerika (2,1%).

Vergelijking met subregio's. Het BBP van Zuid-Amerika was groter dan in Centraal-Amerika (US$963,8 miljard) en in de Caraïben (US$218,5 miljard); maar minder dan in Noord-Amerika (US$13,7 biljoen). Het BBP per hoofd in Zuid-Amerika was in Zuid-Amerika minder dan in Noord-Amerika (US$42,0 duizend), in Centraal-Amerika (US$6,6 duizend) en in de Caraïben (US$5,7 duizend). De groei van het BBP in Zuid-Amerika was groter dan in de Caraïben (2,6%), in Noord-Amerika (1,9%) en in Centraal-Amerika (1,8%).

Leiders. Het bruto binnenlands product van Zuid-Amerika in de jaren 2000 bestond uit: Brazilië (53,2%), Argentinië (13,4%), Venezuela (9,5%), Colombia (8,2%), Chili (6,6%), en andere (9,2%). Het BBP per hoofd in Zuid-Amerika onder de leiders: Chili ($7.441,7), Venezuela ($6.623,8), Argentinië ($6.315,6), Brazilië ($5.256,7) en Colombia ($3.529,2). De groei van het BBP onder de leiders: Chili (4,0%), Colombia (3,9%), Venezuela (3,7%), Brazilië (3,3%) en Argentinië (2,3%).

de jaren 2010

Het bruto binnenlands product van Zuid-Amerika bedroeg in de jaren 2010 US$4,0 biljoen per jaar, en was vergelijkbaar met Zuid-Europa (US$4,1 biljoen). Het aandeel in de wereld was 5,2%, en 15,8% in Amerika.

Het bruto binnenlands product van Zuid-Amerika bestond uit: huishoudelijke uitgaven (65,1%), kapitaalvorming (19,8%) en overheidsuitgaven (17,2%).

Het BBP per hoofd in Zuid-Amerika was $9.838,9 in de jaren 2010s, en was vergelijkbaar met Mexico (US$9,8 duizend), Mauritius (US$9,8 duizend), Roemenië (US$9,9 duizend). Het BBP per hoofd in Zuid-Amerika was 7,2% lager dan het bruto binnenlands product per hoofd van de bevolking in de wereld ($10.603,1), en was in 2,7 keer lager dan het bruto binnenlands product per hoofd van de bevolking in Amerika ($10.603,1).

De groei van het bruto binnenlands product in Zuid-Amerika bedroeg 1.2% in de jaren 2010. De groei van het BBP in Zuid-Amerika (1,2%) was minder dan de groei van het bruto binnenlands product in de wereld (3,1%), was minder dan de groei van het BBP in Amerika (2,2%).

Vergelijking met subregio's. Het BBP van Zuid-Amerika was 2,9 keer groter dan in Centraal-Amerika (US$1,4 biljoen) en 11,8 keer groter dan in de Caraïben (US$341,0 miljard); maar 4,9 keer minder dan in Noord-Amerika (US$19,7 biljoen). Het BBP per hoofd in Zuid-Amerika was in Zuid-Amerika17,0% groter dan in Centraal-Amerika (US$8,4 duizend) en 19,5% groter dan in de Caraïben (US$8,2 duizend); maar 5,6 keer minder dan in Noord-Amerika (US$55,4 duizend). De groei van het bruto binnenlands product in Zuid-Amerika was minder dan in Centraal-Amerika (2,9%), in Noord-Amerika (2,3%) en in de Caraïben (1,5%).

Leiders. Het bruto binnenlands product van Zuid-Amerika in de jaren 2010 bestond uit: Brazilië (53,6%), Argentinië (13,7%), Colombia (8,2%), Venezuela (7,6%), Chili (6,5%), en andere (10,4%). Het BBP per hoofd in Zuid-Amerika onder de leiders: Chili ($14.656,9), Argentinië ($12.913,7), Brazilië ($10.619,0), Venezuela ($10.386,2) en Colombia ($6.949,5). De groei van het bruto binnenlands product onder de leiders: Colombia (3,7%), Chili (3,3%), Brazilië (1,3%), Argentinië (1,3%) en Venezuela (-9,7%).

Hoofdstuk II. Toegevoegde waarde

De toegevoegde waarde van Zuid-Amerika steeg van US$233,5 miljard per jaar in de jaren 1970 tot US$3,5 biljoen per jaar in de jaren 2010, dat wil zeggen met US$3,3 biljoen of 15,1 keer. De verandering vond plaats op US$2,8 biljoen als gevolg van een 5,0-voudige stijging van de prijzen, en ook op US$254,1 miljard als gevolg van een 1,6-voudige toename van de productiviteit , evenals op US$215,7 miljard als gevolg van de toename van de bevolking. De gemiddelde jaarlijkse groei van de toegevoegde waarde is 2,9%. De minimumwaarde van de toegevoegde waarde bedroeg US$106,5 miljard in 1970. De maximumwaarde van de toegevoegde waarde bedroeg US$4,0 biljoen in 2013.

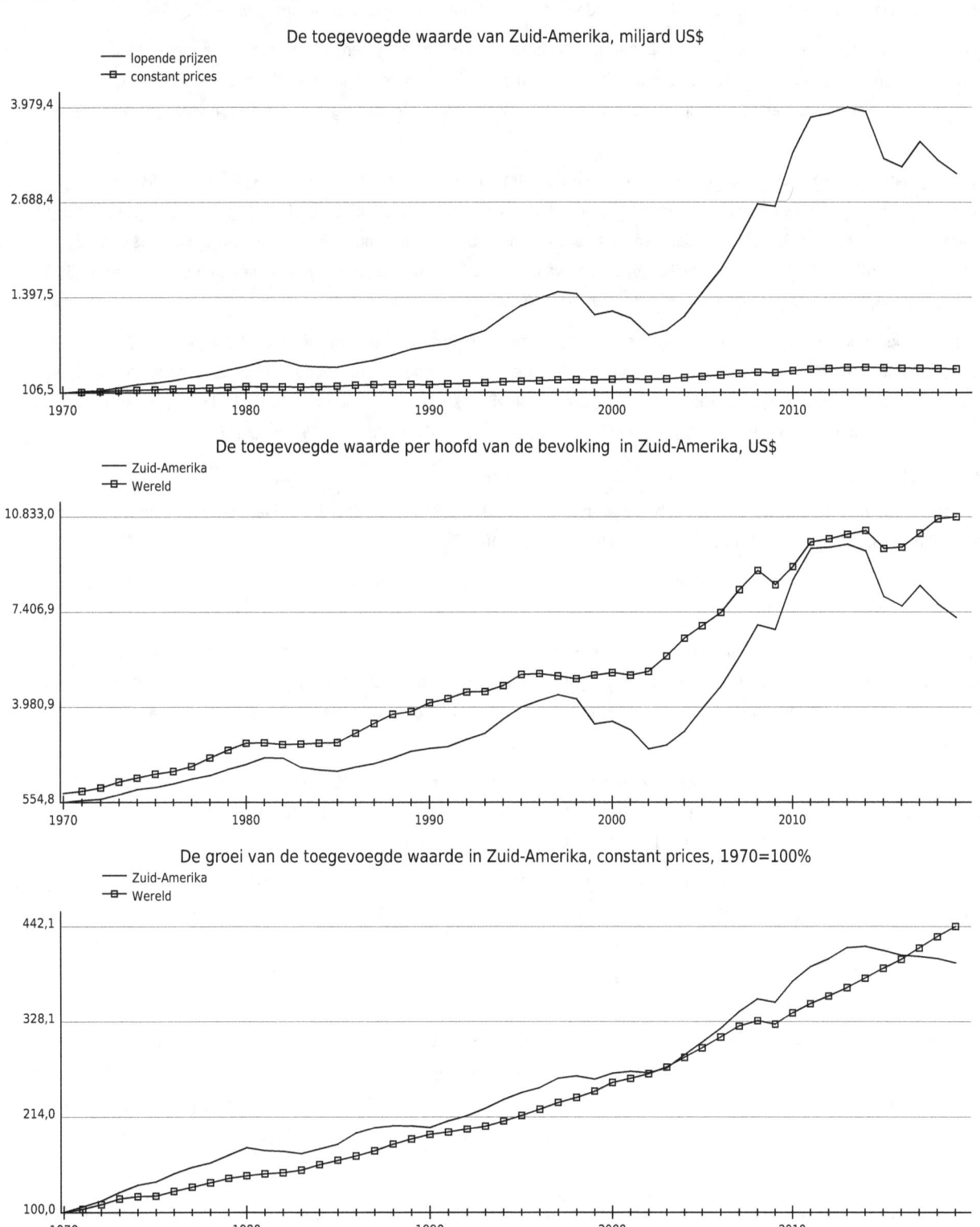

de jaren 1970

De toegevoegde waarde van Zuid-Amerika bedroeg in de jaren 1970 US$233,5 miljard per jaar. Het aandeel in de wereld was 3,7%, en 10,5% in Amerika.

De totale toegevoegde waarde van Zuid-Amerika bestond uit: industrie (33,5%), diensten (29,8%), handel (13,7%), landbouw (10,6%), constructie (7,4%) en transport (4,9%).

De toegevoegde waarde per hoofd in Zuid-Amerika was $1.095,7 in de jaren 1970s, en was vergelijkbaar met Albanië (US$1.096,0). De toegevoegde waarde per hoofd in Zuid-Amerika was 30,0% lager dan de toegevoegde waarde per hoofd van de bevolking in de wereld ($1.564,4), en was in 3,6 keer lager dan de toegevoegde waarde per hoofd van de bevolking in Amerika ($1.564,4).

De groei van de toegevoegde waarde in Zuid-Amerika bedroeg 6% in de jaren 1970, en was vergelijkbaar met de Britse Maagdeneilanden (5,9%), Polen (6,0%), Joegoslavië (6,0%). De groei van de toegevoegde waarde in Zuid-Amerika (6,0%) was groter dan de groei van de toegevoegde waarde in de wereld (3,9%), was groter dan de groei van de toegevoegde waarde in Amerika (3,5%).

Vergelijking met subregio's. De toegevoegde waarde van Zuid-Amerika was groter dan in Centraal-Amerika (US$112,1 miljard) en in de Caraïben (US$34,1 miljard); maar minder dan in Noord-Amerika (US$1,9 biljoen). De toegevoegde waarde per hoofd in Zuid-Amerika was in Zuid-Amerika minder dan in Noord-Amerika (US$7,7 duizend), in Centraal-Amerika (US$1.417,5) en in de Caraïben (US$1.288,7). De groei van de toegevoegde waarde in Zuid-Amerika was groter dan in de Caraïben (4,5%) en in Noord-Amerika (3,0%); maar minder dan in Centraal-Amerika (6,3%).

Leiders. De toegevoegde waarde van Zuid-Amerika in de jaren 1970 bestond uit: Brazilië (41,8%), Argentinië (19,9%), Venezuela (13,5%), Colombia (8,5%), Chili (5,5%), en andere (10,9%). De toegevoegde waarde per hoofd in Zuid-Amerika onder de leiders: Venezuela ($2.413,4), Argentinië ($1.806,7), Chili ($1.224,1), Brazilië ($918,5) en Colombia ($833,2). De groei van de toegevoegde waarde onder de leiders: Brazilië (9,2%), Colombia (5,7%), Venezuela (4,6%), Argentinië (2,7%) en Chili (2,2%).

de jaren 1980

De toegevoegde waarde van Zuid-Amerika bedroeg in de jaren 1980 US$526,2 miljard per jaar, en was vergelijkbaar met Afrika (US$513,9 miljard). Het aandeel in de wereld was 3,6%, en 9,7% in Amerika.

De totale toegevoegde waarde van Zuid-Amerika bestond uit: diensten (34,0%), industrie (32,8%), handel (11,9%), landbouw (9,5%), constructie (6,7%) en vervoer (5,1%).

De toegevoegde waarde per hoofd in Zuid-Amerika was $1.984,8 in de jaren 1980s, en was vergelijkbaar met Roemenië (US$1.989,3), Maleisië (US$1.976,4), Chili (US$1.995,3). De toegevoegde waarde per hoofd in Zuid-Amerika was 34,5% lager dan de toegevoegde waarde per hoofd van de bevolking in de wereld ($3.029,9), en was in 4,1 keer lager dan de toegevoegde waarde per hoofd van de bevolking in Amerika ($3.029,9).

De groei van de toegevoegde waarde in Zuid-Amerika bedroeg 1.9% in de jaren 1980, en was vergelijkbaar met Tsjecho-Slowakije (1,9%), Nieuw-Zeeland (1,9%), Costa Rica (1,9%). De groei van de toegevoegde waarde in Zuid-Amerika (1,9%) was minder dan de groei van de toegevoegde waarde in de wereld (2,9%), was minder dan de groei van de toegevoegde waarde in Amerika (2,7%).

Vergelijking met subregio's. De toegevoegde waarde van Zuid-Amerika was groter dan in Centraal-Amerika (US$264,1 miljard) en in de Caraïben (US$74,3 miljard); maar minder dan in Noord-Amerika (US$4,5 biljoen). De toegevoegde waarde per hoofd in Zuid-Amerika was in Zuid-Amerika minder dan in Noord-Amerika (US$17,1 duizend), in Centraal-Amerika (US$2,6 duizend) en in de Caraïben (US$2,4 duizend). De groei van de toegevoegde waarde in Zuid-Amerika was minder dan in de Caraïben (3,3%), in Noord-Amerika (2,8%) en in Centraal-Amerika (2,1%).

Leiders. De toegevoegde waarde van Zuid-Amerika in de jaren 1980 bestond uit: Brazilië (45,3%), Argentinië (17,4%), Venezuela (12,0%), Colombia (9,5%), Chili (4,6%), en andere (11,2%). De toegevoegde waarde per hoofd in Zuid-Amerika onder de leiders: Venezuela ($3.682,2), Argentinië ($3.060,1), Chili ($1.995,3), Brazilië ($1.782,1) en Colombia ($1.687,4). De groei van de toegevoegde waarde onder de leiders: Colombia (3,7%), Chili (3,4%), Brazilië (3,2%), Venezuela (-0,40%) en Argentinië (-0,63%).

de jaren 1990

De toegevoegde waarde van Zuid-Amerika bedroeg in de jaren 1990 US$1,1 biljoen per jaar, en was vergelijkbaar met Italië (US$1,1 biljoen). Het aandeel in de wereld was 4,1%, en 11,3% in Amerika.

De totale toegevoegde waarde van Zuid-Amerika bestond uit: diensten (44,9%), industrie (24,2%), handel (12,7%), landbouw (6,9%), constructie (5,9%) en transport (5,5%).

De toegevoegde waarde per hoofd in Zuid-Amerika was $3.501,8 in de jaren 1990s, en was vergelijkbaar met Kroatië (US$3,5 duizend), Brazilië (US$3,6 duizend). De toegevoegde waarde per hoofd in Zuid-Amerika was 27,0% lager dan de toegevoegde waarde per hoofd van de bevolking in de wereld ($4.799,9), en was in 3,6 keer lager dan de toegevoegde waarde per hoofd van de bevolking in Amerika ($4.799,9).

De groei van de toegevoegde waarde in Zuid-Amerika bedroeg 2.5% in de jaren 1990, en was vergelijkbaar met West-Afrika (2,5%). De groei van de toegevoegde waarde in Zuid-Amerika (2,5%) was minder dan de groei van de toegevoegde waarde in de wereld (2,7%), was minder dan de groei van de toegevoegde waarde in Amerika (2,8%).

Vergelijking met subregio's. De toegevoegde waarde van Zuid-Amerika was groter dan in Centraal-Amerika (US$484,3 miljard) en in de Caraïben (US$113,5 miljard); maar minder dan in Noord-Amerika (US$8,1 biljoen). De toegevoegde waarde per hoofd in Zuid-Amerika was in Zuid-Amerika groter dan in de Caraïben (US$3,2 duizend); maar minder dan in Noord-Amerika (US$27,7 duizend) en in Centraal-Amerika (US$3,9 duizend). De groei van de toegevoegde waarde in Zuid-Amerika was groter dan in de Caraïben (2,2%); maar minder dan in Centraal-Amerika (3,5%) en in Noord-Amerika (2,8%).

Leiders. De toegevoegde waarde van Zuid-Amerika in de jaren 1990 bestond uit: Brazilië (51,5%), Argentinië (21,1%), Colombia (7,8%), Venezuela (6,0%), Chili (5,0%), en andere (8,6%). De toegevoegde waarde per hoofd in Zuid-Amerika onder de leiders: Argentinië ($6.825,0), Chili ($3.926,9), Brazilië ($3.582,9), Venezuela ($3.084,2) en Colombia ($2.418,1). De groei van de toegevoegde waarde onder de leiders: Chili (5,6%), Argentinië (4,3%), Colombia (2,6%), Venezuela (2,0%) en Brazilië (1,6%).

de jaren 2000

De toegevoegde waarde van Zuid-Amerika bedroeg in de jaren 2000 US$1,6 biljoen per jaar, en was vergelijkbaar met Italië (US$1,6 biljoen). Het aandeel in de wereld was 3,6%, en 9,8% in Amerika.

De totale toegevoegde waarde van Zuid-Amerika bestond uit: diensten (40,4%), industrie (26,6%), handel (13,5%), vervoer (7,8%), landbouw (6,3%) en constructie (5,4%).

De toegevoegde waarde per hoofd in Zuid-Amerika was $4.344,6 in de jaren 2000s, en was vergelijkbaar met Roemenië (US$4,4 duizend), Botswana (US$4,3 duizend), Saint Vincent en de Grenadines (US$4,4 duizend). De toegevoegde waarde per hoofd in Zuid-Amerika was 36,3% lager dan de toegevoegde waarde per hoofd van de bevolking in de wereld ($6.818,0), en was in 4,3 keer lager dan de toegevoegde waarde per hoofd van de bevolking in Amerika ($6.818,0).

De groei van de toegevoegde waarde in Zuid-Amerika bedroeg 3.1% in de jaren 2000, en was vergelijkbaar met Botswana (3,1%), Australië (3,1%), Kenia (3,1%). De groei van de toegevoegde waarde in Zuid-Amerika (3,1%) was groter dan de groei van de toegevoegde waarde in de wereld (2,9%), was groter dan de groei van de toegevoegde waarde in Amerika (1,9%).

Vergelijking met subregio's. De toegevoegde waarde van Zuid-Amerika was groter dan in Centraal-Amerika (US$920,8 miljard) en in de Caraïben (US$211,7 miljard); maar minder dan in Noord-Amerika (US$13,6 biljoen). De toegevoegde waarde per hoofd in Zuid-Amerika was in Zuid-Amerika minder dan in Noord-Amerika (US$41,8 duizend), in Centraal-Amerika (US$6,3 duizend) en in de Caraïben (US$5,5 duizend). De groei van de toegevoegde waarde in Zuid-Amerika was groter dan in de Caraïben (2,6%), in Centraal-Amerika (1,8%) en in Noord-Amerika (1,7%).

Leiders. De toegevoegde waarde van Zuid-Amerika in de jaren 2000 bestond uit: Brazilië (51,6%), Argentinië (13,1%), Venezuela (10,3%), Colombia (8,5%), Chili (6,8%), en andere (9,7%). De toegevoegde waarde per hoofd in Zuid-Amerika onder de leiders: Chili ($6.807,7), Venezuela ($6.298,6), Argentinië ($5.412,8), Brazilië ($4.476,3) en Colombia ($3.219,5). De groei van de toegevoegde waarde onder de leiders: Colombia (3,8%), Chili (3,8%), Venezuela (3,8%), Brazilië (3,0%) en Argentinië (2,2%).

de jaren 2010

De toegevoegde waarde van Zuid-Amerika bedroeg in de jaren 2010 US$3,5 biljoen per jaar. Het aandeel in de wereld was 4,8%, en 14,2% in Amerika.

De totale toegevoegde waarde van Zuid-Amerika bestond uit: diensten (42,2%), industrie (22,1%), handel (15,6%), transport (7,7%), constructie (6,4%) en landbouw (5,9%).

De toegevoegde waarde per hoofd in Zuid-Amerika was $8.605,3 in de jaren 2010s, en was vergelijkbaar met Mauritius (US$8,7 duizend), Saint Lucia (US$8,8 duizend). De toegevoegde waarde per hoofd in Zuid-Amerika was 14,8% lager dan de toegevoegde waarde per hoofd van de bevolking in de wereld ($10.094,6), en was in 3,0 keer lager dan de toegevoegde waarde per hoofd van de bevolking in Amerika ($10.094,6).

De groei van de toegevoegde waarde in Zuid-Amerika bedroeg 1.3% in de jaren 2010, en was vergelijkbaar met Japan (1,3%). De groei van de toegevoegde waarde in Zuid-Amerika (1,3%) was minder dan de groei van de toegevoegde waarde in de wereld (3,1%), was minder dan de groei van de toegevoegde waarde in Amerika (2,1%).

Vergelijking met subregio's. De toegevoegde waarde van Zuid-Amerika was 2,6 keer groter dan in Centraal-Amerika (US$1,3 biljoen) en 10,7 keer groter dan in de Caraïben (US$329,3 miljard); maar 5,5 keer minder dan in Noord-Amerika (US$19,6 biljoen). De toegevoegde waarde per hoofd in Zuid-Amerika was in Zuid-Amerika7,7% groter dan in Centraal-Amerika (US$8,0 duizend) en 8,3% groter dan in de Caraïben (US$7,9 duizend); maar 6,4 keer minder dan in Noord-Amerika (US$55,1 duizend). De groei van de toegevoegde waarde in Zuid-Amerika was minder dan in Centraal-Amerika (2,9%), in Noord-Amerika (2,2%) en in de Caraïben (1,4%).

Leiders. De toegevoegde waarde van Zuid-Amerika in de jaren 2010 bestond uit: Brazilië (52,4%), Argentinië (13,2%), Colombia (8,5%), Venezuela (8,1%), Chili (6,8%), en andere (10,9%). De toegevoegde waarde per hoofd in Zuid-Amerika onder de leiders: Chili ($13.415,1), Argentinië ($10.862,2), Venezuela ($9.755,7), Brazilië ($9.088,1) en Colombia ($6.321,5). De groei van de toegevoegde waarde onder de leiders: Colombia (3,6%), Chili (3,2%), Brazilië (1,4%), Argentinië (1,2%) en Venezuela (-8,1%).

Hoofdstuk III. Bruto nationaal inkomen

Het bruto nationaal inkomen van Zuid-Amerika steeg van US$241,2 miljard per jaar in de jaren 1970 tot US$3,9 biljoen per jaar in de jaren 2010, dat wil zeggen met US$3,7 biljoen of 16,3 keer. De verandering vond plaats op US$3,2 biljoen als gevolg van een 5,5-voudige stijging van de prijzen, en ook op US$255,5 miljard als gevolg van een 1,6-voudige toename van de productiviteit , evenals op US$222,9 miljard als gevolg van de toename van de bevolking. De gemiddelde jaarlijkse groei van het bruto nationaal inkomen is 3,0%. De minimumwaarde van het BNI bedroeg US$107,0 miljard in 1970. De maximumwaarde van het BNI bedroeg US$4,4 biljoen in 2013.

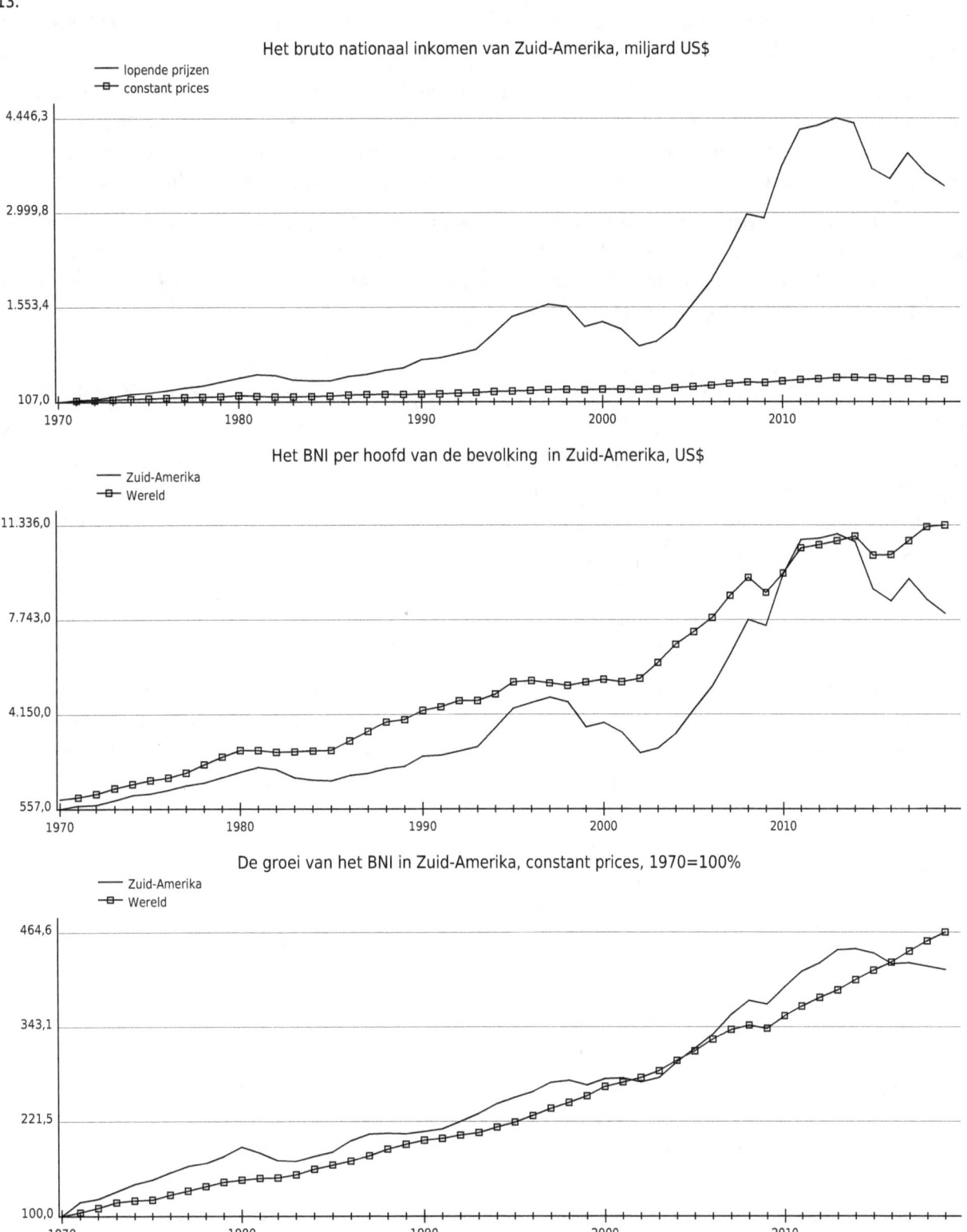

Het bruto nationaal inkomen van Zuid-Amerika, miljard US$

Het BNI per hoofd van de bevolking in Zuid-Amerika, US$

De groei van het BNI in Zuid-Amerika, constant prices, 1970=100%

de jaren 1970

Het bruto nationaal inkomen van Zuid-Amerika bedroeg in de jaren 1970 US$241,2 miljard per jaar. Het aandeel in de wereld was 3,7%, en 10,7% in Amerika.

Het bruto nationaal inkomen per hoofd in Zuid-Amerika was $1.132,3 in de jaren 1970s. Het bruto nationaal inkomen per hoofd in Zuid-Amerika was 30,3% lager dan het bruto nationaal inkomen per hoofd van de bevolking in de wereld ($1.624,3), en was in 3,6 keer lager dan het bruto nationaal inkomen per hoofd van de bevolking in Amerika ($1.624,3).

De groei van het bruto nationaal inkomen in Zuid-Amerika bedroeg 6.5% in de jaren 1970, en was vergelijkbaar met Joegoslavië (6,5%), Ivoorkust (6,5%), de FS van Micronesië (6,5%). De groei van het BNI in Zuid-Amerika (6,5%) was groter dan de groei van het bruto nationaal inkomen in de wereld (4,1%), was groter dan de groei van het bruto nationaal inkomen in Amerika (4,0%).

Vergelijking met subregio's. Het BNI van Zuid-Amerika was groter dan in Centraal-Amerika (US$105,1 miljard) en in de Caraïben (US$31,0 miljard); maar minder dan in Noord-Amerika (US$1,9 biljoen). Het BNI per hoofd in Zuid-Amerika was in Zuid-Amerika minder dan in Noord-Amerika (US$7,8 duizend), in Centraal-Amerika (US$1.328,8) en in de Caraïben (US$1.169,0). De groei van het bruto nationaal inkomen in Zuid-Amerika was groter dan in Centraal-Amerika (6,1%), in de Caraïben (4,3%) en in Noord-Amerika (3,5%).

Leiders. Het bruto nationaal inkomen van Zuid-Amerika in de jaren 1970 bestond uit: Brazilië (41,9%), Argentinië (20,8%), Venezuela (12,6%), Colombia (8,3%), Chili (5,8%), en andere (10,7%). Het BNI per hoofd in Zuid-Amerika onder de leiders: Venezuela ($2.322,6), Argentinië ($1.953,3), Chili ($1.320,8), Brazilië ($952,0) en Colombia ($843,9). De groei van het BNI onder de leiders: Brazilië (8,3%), Colombia (5,9%), Argentinië (5,5%), Venezuela (5,4%) en Chili (1,8%).

de jaren 1980

Het BNI van Zuid-Amerika bedroeg in de jaren 1980 US$508,2 miljard per jaar, en was vergelijkbaar met Afrika (US$518,8 miljard). Het aandeel in de wereld was 3,4%, en 9,5% in Amerika.

Het BNI per hoofd in Zuid-Amerika was $1.917,1 in de jaren 1980s, en was vergelijkbaar met Nigeria (US$1.918,7), Oost-Azië (US$1.901,2), Chili (US$1.964,1). Het bruto nationaal inkomen per hoofd in Zuid-Amerika was 38,5% lager dan het bruto nationaal inkomen per hoofd van de bevolking in de wereld ($3.117,1), en was in 4,2 keer lager dan het bruto nationaal inkomen per hoofd van de bevolking in Amerika ($3.117,1).

De groei van het BNI in Zuid-Amerika bedroeg 1.5% in de jaren 1980, en was vergelijkbaar met Senegal (1,5%), Myanmar (1,5%), de Verenigde Arabische Emiraten (1,5%). De groei van het BNI in Zuid-Amerika (1,5%) was minder dan de groei van het bruto nationaal inkomen in de wereld (3,0%), was minder dan de groei van het bruto nationaal inkomen in Amerika (2,8%).

Vergelijking met subregio's. Het bruto nationaal inkomen van Zuid-Amerika was groter dan in Centraal-Amerika (US$234,6 miljard) en in de Caraïben (US$64,7 miljard); maar minder dan in Noord-Amerika (US$4,5 biljoen). Het BNI per hoofd in Zuid-Amerika was in Zuid-Amerika minder dan in Noord-Amerika (US$17,1 duizend), in Centraal-Amerika (US$2,3 duizend) en in de Caraïben (US$2,1 duizend). De groei van het bruto nationaal inkomen in Zuid-Amerika was minder dan in Noord-Amerika (3,0%), in de Caraïben (2,5%) en in Centraal-Amerika (1,9%).

Leiders. Het bruto nationaal inkomen van Zuid-Amerika in de jaren 1980 bestond uit: Brazilië (43,5%), Argentinië (18,7%), Venezuela (12,0%), Colombia (9,9%), Chili (4,7%), en andere (11,2%). Het bruto nationaal inkomen per hoofd in Zuid-Amerika onder de leiders: Venezuela ($3.562,2), Argentinië ($3.163,1), Chili ($1.964,1), Colombia ($1.701,6) en Brazilië ($1.654,2). De groei van het BNI onder de leiders: Chili (3,1%), Colombia (3,0%), Brazilië (2,9%), Venezuela (-0,51%) en Argentinië (-1,6%).

de jaren 1990

Het bruto nationaal inkomen van Zuid-Amerika bedroeg in de jaren 1990 US$1,2 biljoen per jaar, en was vergelijkbaar met Italië (US$1,2 biljoen). Het aandeel in de wereld was 4,1%, en 11,9% in Amerika.

Het BNI per hoofd in Zuid-Amerika was $3.684,8 in de jaren 1990s, en was vergelijkbaar met Centraal-Amerika (US$3,7 duizend), Dominica (US$3,7 duizend), Nauru (US$3,6 duizend). Het BNI per hoofd in Zuid-Amerika was 26,2% lager dan het bruto nationaal inkomen per hoofd van de bevolking in de wereld ($4.991,4), en was in 3,5 keer lager dan het bruto nationaal inkomen per hoofd van de bevolking in Amerika ($4.991,4).

De groei van het bruto nationaal inkomen in Zuid-Amerika bedroeg 2.7% in de jaren 1990, en was vergelijkbaar met Venezuela (2,7%),

Spanje (2,7%), Denemarken (2,7%). De groei van het bruto nationaal inkomen in Zuid-Amerika (2,7%) was minder dan de groei van het BNI in de wereld (2,8%), was minder dan de groei van het bruto nationaal inkomen in Amerika (3,2%).

Vergelijking met subregio's. Het BNI van Zuid-Amerika was groter dan in Centraal-Amerika (US$454,4 miljard) en in de Caraïben (US$99,1 miljard); maar minder dan in Noord-Amerika (US$8,1 biljoen). Het bruto nationaal inkomen per hoofd in Zuid-Amerika was in Zuid-Amerika groter dan in Centraal-Amerika (US$3,7 duizend) en in de Caraïben (US$2,8 duizend); maar minder dan in Noord-Amerika (US$27,7 duizend). De groei van het bruto nationaal inkomen in Zuid-Amerika was groter dan in de Caraïben (2,1%); maar minder dan in Noord-Amerika (3,3%) en in Centraal-Amerika (3,0%).

Leiders. Het BNI van Zuid-Amerika in de jaren 1990 bestond uit: Brazilië (51,0%), Argentinië (22,1%), Colombia (7,6%), Venezuela (5,7%), Chili (5,2%), en andere (8,4%). Het BNI per hoofd in Zuid-Amerika onder de leiders: Argentinië ($7.523,1), Chili ($4.283,7), Brazilië ($3.733,5), Venezuela ($3.100,7) en Colombia ($2.486,9). De groei van het bruto nationaal inkomen onder de leiders: Chili (6,7%), Argentinië (4,8%), Colombia (3,2%), Venezuela (2,7%) en Brazilië (1,6%).

de jaren 2000

Het bruto nationaal inkomen van Zuid-Amerika bedroeg in de jaren 2000 US$1,8 biljoen per jaar, en was vergelijkbaar met Italië (US$1,8 biljoen). Het aandeel in de wereld was 3,8%, en 10,6% in Amerika.

Het bruto nationaal inkomen per hoofd in Zuid-Amerika was $4.796,8 in de jaren 2000s, en was vergelijkbaar met de Caraïben (US$4,8 duizend), Roemenië (US$4,8 duizend), Costa Rica (US$4,8 duizend). Het bruto nationaal inkomen per hoofd in Zuid-Amerika was 33,1% lager dan het bruto nationaal inkomen per hoofd van de bevolking in de wereld ($7.165,2), en was in 4,0 keer lager dan het bruto nationaal inkomen per hoofd van de bevolking in Amerika ($7.165,2).

De groei van het bruto nationaal inkomen in Zuid-Amerika bedroeg 3.3% in de jaren 2000, en was vergelijkbaar met Groenland (3,3%), Saint Kitts en Nevis (3,4%). De groei van het bruto nationaal inkomen in Zuid-Amerika (3,3%) was groter dan de groei van het BNI in de wereld (3,0%), was groter dan de groei van het bruto nationaal inkomen in Amerika (2,1%).

Vergelijking met subregio's. Het bruto nationaal inkomen van Zuid-Amerika was groter dan in Centraal-Amerika (US$932,4 miljard) en in de Caraïben (US$185,8 miljard); maar minder dan in Noord-Amerika (US$13,8 biljoen). Het BNI per hoofd in Zuid-Amerika was in Zuid-Amerika minder dan in Noord-Amerika (US$42,3 duizend), in Centraal-Amerika (US$6,4 duizend) en in de Caraïben (US$4,8 duizend). De groei van het bruto nationaal inkomen in Zuid-Amerika was groter dan in de Caraïben (2,8%), in Centraal-Amerika (2,7%) en in Noord-Amerika (1,8%).

Leiders. Het bruto nationaal inkomen van Zuid-Amerika in de jaren 2000 bestond uit: Brazilië (53,5%), Argentinië (13,3%), Venezuela (9,7%), Colombia (8,2%), Chili (6,2%), en andere (9,1%). Het BNI per hoofd in Zuid-Amerika onder de leiders: Chili ($6.847,0), Venezuela ($6.568,0), Argentinië ($6.088,9), Brazilië ($5.119,3) en Colombia ($3.440,7). De groei van het BNI onder de leiders: Venezuela (3,7%), Colombia (3,6%), Chili (3,6%), Brazilië (3,4%) en Argentinië (2,3%).

de jaren 2010

Het bruto nationaal inkomen van Zuid-Amerika bedroeg in de jaren 2010 US$3,9 biljoen per jaar. Het aandeel in de wereld was 5,0%, en 15,3% in Amerika.

Het bruto nationaal inkomen per hoofd in Zuid-Amerika was $9.572,3 in de jaren 2010s, en was vergelijkbaar met Mexico (US$9,6 duizend), Kazachstan (US$9,4 duizend), Roemenië (US$9,8 duizend). Het BNI per hoofd in Zuid-Amerika was 9,8% lager dan het bruto nationaal inkomen per hoofd van de bevolking in de wereld ($10.611,7), en was in 2,7 keer lager dan het bruto nationaal inkomen per hoofd van de bevolking in Amerika ($10.611,7).

De groei van het bruto nationaal inkomen in Zuid-Amerika bedroeg 1.1% in de jaren 2010. De groei van het BNI in Zuid-Amerika (1,1%) was minder dan de groei van het BNI in de wereld (3,1%), was minder dan de groei van het BNI in Amerika (2,3%).

Vergelijking met subregio's. Het BNI van Zuid-Amerika was 2,9 keer groter dan in Centraal-Amerika (US$1,4 biljoen) en 13,1 keer groter dan in de Caraïben (US$299,6 miljard); maar 5,1 keer minder dan in Noord-Amerika (US$20,0 biljoen). Het bruto nationaal inkomen per hoofd in Zuid-Amerika was in Zuid-Amerika17,0% groter dan in Centraal-Amerika (US$8,2 duizend) en 32,4% groter dan in de Caraïben (US$7,2 duizend); maar 5,9 keer minder dan in Noord-Amerika (US$56,3 duizend). De groei van het bruto nationaal inkomen in Zuid-Amerika was minder dan in Centraal-Amerika (2,8%), in Noord-Amerika (2,4%) en in de Caraïben (1,8%).

Leiders. Het bruto nationaal inkomen van Zuid-Amerika in de jaren 2010 bestond uit: Brazilië (53,8%), Argentinië (13,7%), Colombia

(8,2%), Venezuela (7,6%), Chili (6,4%), en andere (10,3%). Het bruto nationaal inkomen per hoofd in Zuid-Amerika onder de leiders: Chili ($13.975,3), Argentinië ($12.577,9), Brazilië ($10.378,3), Venezuela ($10.135,7) en Colombia ($6.753,3). De groei van het bruto nationaal inkomen onder de leiders: Colombia (3,8%), Chili (3,6%), Brazilië (1,3%), Argentinië (1,2%) en Venezuela (-9,8%).

Part II. Structuur

	de jaren 2010
landbouw	5,9%
industrie	22,1%
constructie	6,4%
handel	15,6%
vervoer	7,7%
diensten	42,2%

Hoofdstuk IV. Landbouw

Landbouw, jacht, bosbouw, vissen (ISIC A-B)

De sector van de landbouw in Zuid-Amerika steeg van US$24,8 miljard per jaar in de jaren 1970 tot US$209,5 miljard per jaar in de jaren 2010, dat wil zeggen met US$184,8 miljard of 8,5 keer. De verandering vond plaats op US$136,7 miljard als gevolg van een 2,9-voudige stijging van de prijzen, en ook op US$25,2 miljard als gevolg van een 1,5-voudige toename van de productiviteit , evenals op US$22,9 miljard als gevolg van de toename van de bevolking. De gemiddelde jaarlijkse groei van de landbouw is 2,6%. De minimumwaarde van de landbouw bedroeg US$11,9 miljard in 1970. De maximumwaarde van de landbouw bedroeg US$232,6 miljard in 2013.

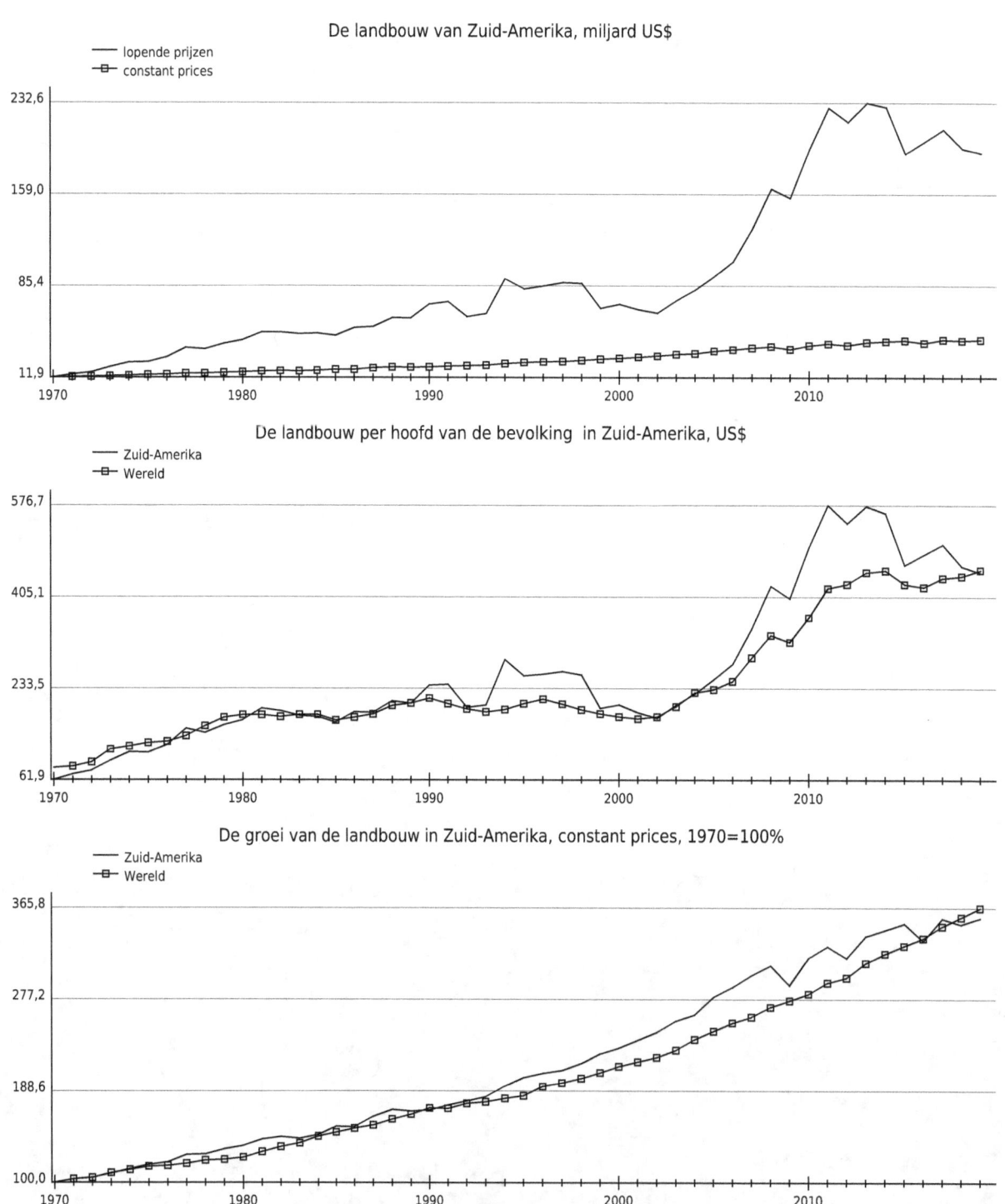

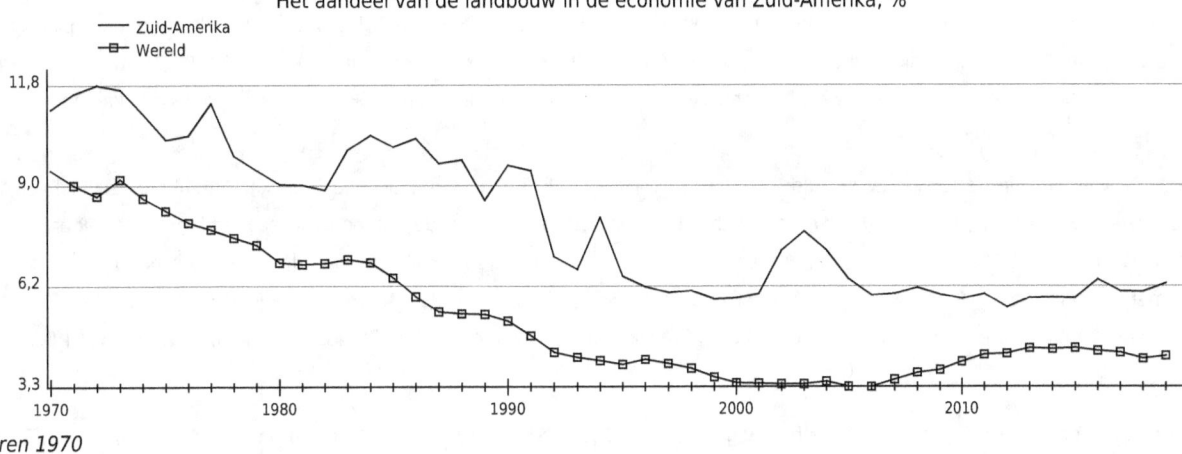

Het aandeel van de landbouw in de economie van Zuid-Amerika, %

de jaren 1970

De waarde van de landbouw in Zuid-Amerika bedroeg in de jaren 1970 US$24,8 miljard per jaar. Het aandeel in de wereld was 4,8%, en 28,0% in Amerika.

Het aandeel van de landbouw in de economie van Zuid-Amerika was 10,6% in de jaren 1970, en was vergelijkbaar met Nieuw-Zeeland (10,6%).

De toegevoegde waarde van de landbouw per hoofd in Zuid-Amerika was $116,2 in de jaren 1970s, en was vergelijkbaar met Kenia (US$116,4), de Caraïben (US$116,5), Iran (US$114,3). De waarde van de landbouw per hoofd in Zuid-Amerika was 9,0% lager dan de landbouw per hoofd van de bevolking in de wereld ($127,6), en was 26,5% lager dan de landbouw per hoofd van de bevolking in Amerika ($127,6).

De groei van de landbouw in Zuid-Amerika bedroeg 3.1% in de jaren 1970, en was vergelijkbaar met Venezuela (3,1%). De groei van de landbouw in Zuid-Amerika (3,1%) was groter dan de groei van de landbouw in de wereld (2,2%), was groter dan de groei van de landbouw in Amerika (1,9%).

Vergelijking met subregio's. De waarde van de landbouw in Zuid-Amerika was groter dan in Centraal-Amerika (US$11,1 miljard) en in de Caraïben (US$3,1 miljard); maar minder dan in Noord-Amerika (US$49,5 miljard). De waarde van de landbouw per hoofd in Zuid-Amerika was in Zuid-Amerika minder dan in Noord-Amerika (US$205,3), in Centraal-Amerika (US$140,7) en in de Caraïben (US$116,5). De groei van de landbouw in Zuid-Amerika was groter dan in Noord-Amerika (0,32%); maar minder dan in Centraal-Amerika (3,3%) en in de Caraïben (3,2%).

Leiders. De toegevoegde waarde van de landbouw in Zuid-Amerika in de jaren 1970 bestond uit: Brazilië (43,7%), Argentinië (15,7%), Colombia (13,2%), Peru (6,2%), Ecuador (6,0%), en andere (15,2%). Het aandeel van de landbouw in economie van de leiders: Ecuador (21,2%), Colombia (16,4%), Peru (15,8%), Brazilië (11,1%) en Argentinië (8,4%). De sector van de landbouw per hoofd in Zuid-Amerika onder de leiders: Ecuador ($215,6), Argentinië ($151,6), Colombia ($137,0), Brazilië ($101,8) en Peru ($100,6). De groei van de landbouw onder de leiders: Colombia (4,6%), Brazilië (4,2%), Argentinië (2,9%), Ecuador (0,26%) en Peru (0,064%).

de jaren 1980

De sector van de landbouw in Zuid-Amerika bedroeg in de jaren 1980 US$50,1 miljard per jaar, en was vergelijkbaar met Japan (US$49,7 miljard). Het aandeel in de wereld was 5,6%, en 31,9% in Amerika.

Het aandeel van de landbouw in de economie van Zuid-Amerika was 9,5% in de jaren 1980, en was vergelijkbaar met Algerije (9,5%), Peru (9,6%).

De waarde van de landbouw per hoofd in Zuid-Amerika was $189,1 in de jaren 1980s, en was vergelijkbaar met Mozambique (US$190,1), de Caraïben (US$191,3), de Wereld (US$186,6). De toegevoegde waarde van de landbouw per hoofd in Zuid-Amerika was 1,3% hoger dan de landbouw per hoofd van de bevolking in de wereld ($186,6), en was 20,4% lager dan de landbouw per hoofd van de bevolking in Amerika ($186,6).

De groei van de landbouw in Zuid-Amerika bedroeg 2.5% in de jaren 1980, en was vergelijkbaar met Canada (2,5%). De groei van de landbouw in Zuid-Amerika (2,5%) was minder dan de groei van de landbouw in de wereld (3,1%), was minder dan de groei van de landbouw in Amerika (2,6%).

Vergelijking met subregio's. De sector van de landbouw in Zuid-Amerika was groter dan in Centraal-Amerika (US$20,2 miljard) en in de Caraïben (US$5,9 miljard); maar minder dan in Noord-Amerika (US$81,2 miljard). De sector van de landbouw per hoofd in Zuid-Amerika was in Zuid-Amerika minder dan in Noord-Amerika (US$306,1), in Centraal-Amerika (US$199,3) en in de Caraïben (US$191,3). De groei van de landbouw in Zuid-Amerika was groter dan in de Caraïben (2,0%) en in Centraal-Amerika (0,51%); maar minder dan in Noord-Amerika (3,5%).

Leiders. De waarde van de landbouw in Zuid-Amerika in de jaren 1980 bestond uit: Brazilië (46,7%), Argentinië (14,1%), Colombia (12,6%), Venezuela (7,3%), Ecuador (6,2%), en andere (13,2%). Het aandeel van de landbouw in economie van de leiders: Ecuador (19,2%), Colombia (12,6%), Brazilië (9,8%), Argentinië (7,7%) en Venezuela (5,8%). De waarde van de landbouw per hoofd in Zuid-Amerika onder de leiders: Ecuador ($344,6), Argentinië ($235,9), Colombia ($212,8), Venezuela ($212,6) en Brazilië ($175,1). De groei van de landbouw onder de leiders: Ecuador (4,8%), Brazilië (3,8%), Colombia (2,6%), Venezuela (2,4%) en Argentinië (-0,12%).

de jaren 1990

De waarde van de landbouw in Zuid-Amerika bedroeg in de jaren 1990 US$76,8 miljard per jaar. Het aandeel in de wereld was 6,7%, en 34,5% in Amerika.

Het aandeel van de landbouw in de economie van Zuid-Amerika was 6,9% in de jaren 1990, en was vergelijkbaar met Azië (6,9%), Polynesië (6,9%), Nieuw-Zeeland (6,9%).

De sector van de landbouw per hoofd in Zuid-Amerika was $240,6 in de jaren 1990s, en was vergelijkbaar met Centraal-Azië (US$241,3), Tunesië (US$239,1), Estland (US$238,2). De landbouw per hoofd in Zuid-Amerika was 20,4% hoger dan de landbouw per hoofd van de bevolking in de wereld ($199,8), en was 16,7% lager dan de landbouw per hoofd van de bevolking in Amerika ($199,8).

De groei van de landbouw in Zuid-Amerika bedroeg 2.9% in de jaren 1990, en was vergelijkbaar met Ghana (2,9%), Zuid-Azië (2,9%), Sri Lanka (2,9%). De groei van de landbouw in Zuid-Amerika (2,9%) was groter dan de groei van de landbouw in de wereld (2,2%), was groter dan de groei van de landbouw in Amerika (2,4%).

Vergelijking met subregio's. De toegevoegde waarde van de landbouw in Zuid-Amerika was groter dan in Centraal-Amerika (US$28,4 miljard) en in de Caraïben (US$6,0 miljard); maar minder dan in Noord-Amerika (US$111,6 miljard). De landbouw per hoofd in Zuid-Amerika was in Zuid-Amerika groter dan in Centraal-Amerika (US$230,3) en in de Caraïben (US$172,0); maar minder dan in Noord-Amerika (US$380,2). De groei van de landbouw in Zuid-Amerika was groter dan in Noord-Amerika (2,4%), in Centraal-Amerika (2,3%) en in de Caraïben (-2,1%).

Leiders. De toegevoegde waarde van de landbouw in Zuid-Amerika in de jaren 1990 bestond uit: Brazilië (47,8%), Argentinië (16,7%), Colombia (10,6%), Ecuador (5,7%), Peru (4,8%), en andere (14,3%). Het aandeel van de landbouw in economie van de leiders: Ecuador (21,1%), Colombia (9,4%), Peru (8,9%), Brazilië (6,4%) en Argentinië (5,4%). De landbouw per hoofd in Zuid-Amerika onder de leiders: Ecuador ($389,4), Argentinië ($370,0), Brazilië ($228,7), Colombia ($226,4) en Peru ($152,8). De groei van de landbouw onder de leiders: Ecuador (4,2%), Peru (3,8%), Argentinië (3,8%), Brazilië (3,0%) en Colombia (1,5%).

de jaren 2000

De toegevoegde waarde van de landbouw in Zuid-Amerika bedroeg in de jaren 2000 US$100,4 miljard per jaar. Het aandeel in de wereld was 6,4%, en 34,9% in Amerika.

Het aandeel van de landbouw in de economie van Zuid-Amerika was 6,3% in de jaren 2000, en was vergelijkbaar met IJsland (6,3%).

De toegevoegde waarde van de landbouw per hoofd in Zuid-Amerika was $272,2 in de jaren 2000s, en was vergelijkbaar met het Verenigd Koninkrijk (US$271,9), Melanesië (US$273,0), Libië (US$269,7). De waarde van de landbouw per hoofd in Zuid-Amerika was 13,3% hoger dan de landbouw per hoofd van de bevolking in de wereld ($240,3), en was 16,9% lager dan de landbouw per hoofd van de bevolking in Amerika ($240,3).

De groei van de landbouw in Zuid-Amerika bedroeg 2.6% in de jaren 2000, en was vergelijkbaar met Somalië (2,6%). De groei van de landbouw in Zuid-Amerika (2,6%) was minder dan de groei van de landbouw in de wereld (3,0%), was minder dan de groei van de landbouw in Amerika (2,7%).

Vergelijking met subregio's. De toegevoegde waarde van de landbouw in Zuid-Amerika was groter dan in Centraal-Amerika (US$37,3 miljard) en in de Caraïben (US$6,9 miljard); maar minder dan in Noord-Amerika (US$143,2 miljard). De landbouw per hoofd in Zuid-Amerika was in Zuid-Amerika groter dan in Centraal-Amerika (US$256,8) en in de Caraïben (US$178,0); maar minder dan in

Noord-Amerika (US$439,1). De groei van de landbouw in Zuid-Amerika was groter dan in Centraal-Amerika (1,9%) en in de Caraïben (0,94%); maar minder dan in Noord-Amerika (3,2%).

Leiders. De landbouw van Zuid-Amerika in de jaren 2000 bestond uit: Brazilië (46,0%), Argentinië (15,8%), Colombia (10,9%), Venezuela (7,4%), Peru (5,7%), en andere (14,3%). Het aandeel van de landbouw in economie van de leiders: Colombia (8,0%), Peru (7,8%), Argentinië (7,6%), Brazilië (5,6%) en Venezuela (4,5%). De landbouw per hoofd in Zuid-Amerika onder de leiders: Argentinië ($409,8), Venezuela ($282,1), Colombia ($258,3), Brazilië ($250,3) en Peru ($205,2). De groei van de landbouw onder de leiders: Peru (3,7%), Brazilië (3,4%), Venezuela (2,8%), Colombia (2,2%) en Argentinië (-0,54%).

de jaren 2010

De waarde van de landbouw in Zuid-Amerika bedroeg in de jaren 2010 US$209,5 miljard per jaar, en was vergelijkbaar met Noord-Amerika (US$211,0 miljard). Het aandeel in de wereld was 6,6%, en 43,1% in Amerika.

Het aandeel van de landbouw in de economie van Zuid-Amerika was 5,9% in de jaren 2010.

De toegevoegde waarde van de landbouw per hoofd in Zuid-Amerika was $511,1 in de jaren 2010s, en was vergelijkbaar met de Cookeilanden (US$511,8), West-Europa (US$513,5), Fiji (US$513,7). De toegevoegde waarde van de landbouw per hoofd in Zuid-Amerika was 18,3% hoger dan de landbouw per hoofd van de bevolking in de wereld ($432,1), en was 2,5% hoger dan de landbouw per hoofd van de bevolking in Amerika ($432,1).

De groei van de landbouw in Zuid-Amerika bedroeg 2% in de jaren 2010. De groei van de landbouw in Zuid-Amerika (2,0%) was minder dan de groei van de landbouw in de wereld (2,9%), was minder dan de groei van de landbouw in Amerika (2,2%).

Vergelijking met subregio's. De sector van de landbouw in Zuid-Amerika was 3,8 keer groter dan in Centraal-Amerika (US$54,7 miljard) en 19,2 keer groter dan in de Caraïben (US$10,9 miljard); maar 0,72% minder dan in Noord-Amerika (US$211,0 miljard). De sector van de landbouw per hoofd in Zuid-Amerika was in Zuid-Amerika56,8% groter dan in Centraal-Amerika (US$325,9) en 94,0% groter dan in de Caraïben (US$263,5); maar 13,9% minder dan in Noord-Amerika (US$593,8). De groei van de landbouw in Zuid-Amerika was minder dan in Centraal-Amerika (2,4%), in de Caraïben (2,3%) en in Noord-Amerika (2,2%).

Leiders. De toegevoegde waarde van de landbouw in Zuid-Amerika in de jaren 2010 bestond uit: Brazilië (45,4%), Argentinië (16,4%), Colombia (9,5%), Venezuela (7,6%), Peru (6,4%), en andere (14,7%). Het aandeel van de landbouw in economie van de leiders: Peru (7,5%), Argentinië (7,4%), Colombia (6,6%), Venezuela (5,6%) en Brazilië (5,1%). De waarde van de landbouw per hoofd in Zuid-Amerika onder de leiders: Argentinië ($802,4), Venezuela ($541,6), Brazilië ($467,2), Peru ($440,6) en Colombia ($420,1). De groei van de landbouw onder de leiders: Argentinië (4,0%), Brazilië (3,4%), Colombia (3,2%), Peru (3,1%) en Venezuela (-12,1%).

Hoofdstuk V. Industrie

Mijnbouw, productie, nutsbedrijven (ISIC C-E)

De industrie van Zuid-Amerika steeg van US$78,3 miljard per jaar in de jaren 1970 tot US$780,8 miljard per jaar in de jaren 2010, dat wil zeggen met US$702,5 miljard of 10,0 keer. De verandering vond plaats op US$594,7 miljard als gevolg van een 4,2-voudige stijging van de prijzen, en ook op US$35,6 miljard als gevolg van een 1,2-voudige toename van de productiviteit , evenals op US$72,3 miljard als gevolg van de toename van de bevolking. De gemiddelde jaarlijkse groei van de industrie is 2,2%. De minimumwaarde van de industrie bedroeg US$34,8 miljard in 1970. De maximumwaarde van de industrie bedroeg US$969,9 miljard in 2011.

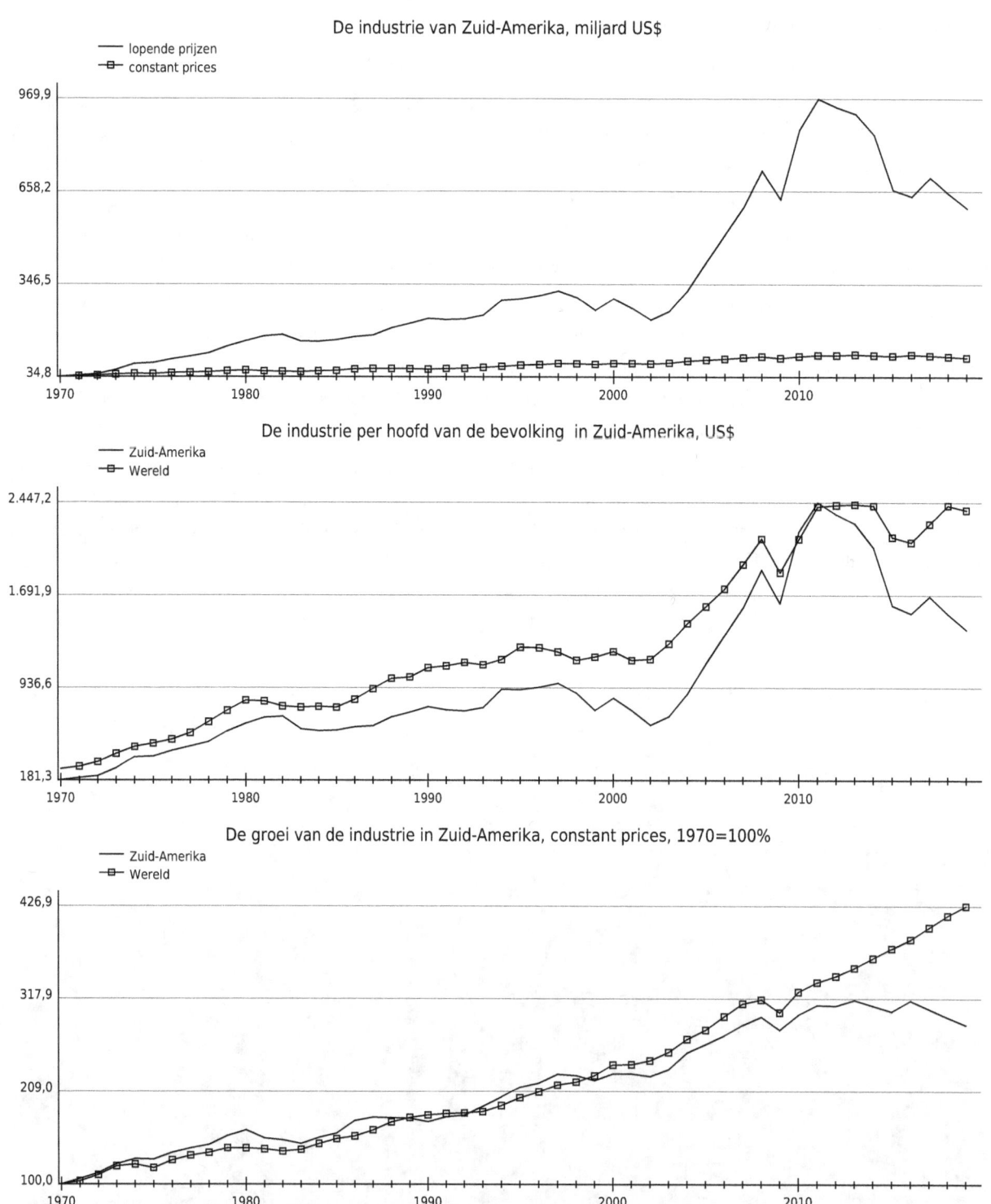

De industrie van Zuid-Amerika, miljard US$

De industrie per hoofd van de bevolking in Zuid-Amerika, US$

De groei van de industrie in Zuid-Amerika, constant prices, 1970=100%

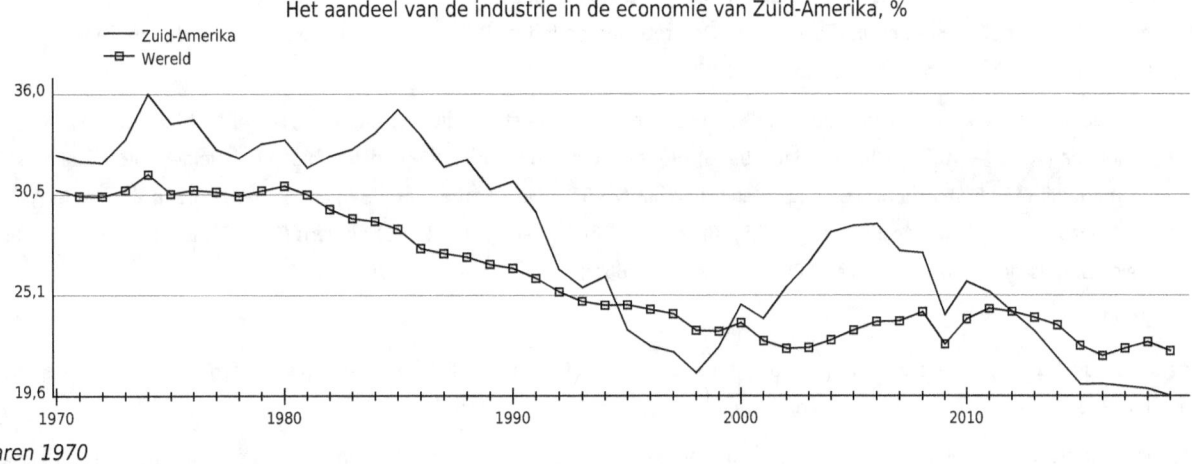

Het aandeel van de industrie in de economie van Zuid-Amerika, %

de jaren 1970

De sector van de industrie in Zuid-Amerika bedroeg in de jaren 1970 US$78,3 miljard per jaar. Het aandeel in de wereld was 4,0%, en 12,8% in Amerika.

Het aandeel van de industrie in de economie van Zuid-Amerika was 33,5% in de jaren 1970, en was vergelijkbaar met Tsjecho-Slowakije (33,8%).

De industrie per hoofd in Zuid-Amerika was $367,3 in de jaren 1970s, en was vergelijkbaar met Centraal-Amerika (US$367,0), Portugal (US$364,9), Albanië (US$371,1). De sector van de industrie per hoofd in Zuid-Amerika was 23,6% lager dan de industrie per hoofd van de bevolking in de wereld ($480,5), en was in 3,0 keer lager dan de industrie per hoofd van de bevolking in Amerika ($480,5).

De groei van de industrie in Zuid-Amerika bedroeg 5.1% in de jaren 1970, en was vergelijkbaar met Italië (5,1%), Spanje (5,1%). De groei van de industrie in Zuid-Amerika (5,1%) was groter dan de groei van de industrie in de wereld (4,0%), was groter dan de groei van de industrie in Amerika (3,2%).

Vergelijking met subregio's. De sector van de industrie in Zuid-Amerika was groter dan in Centraal-Amerika (US$29,0 miljard) en in de Caraïben (US$8,3 miljard); maar minder dan in Noord-Amerika (US$495,3 miljard). De sector van de industrie per hoofd in Zuid-Amerika was in Zuid-Amerika groter dan in Centraal-Amerika (US$367,0) en in de Caraïben (US$311,5); maar minder dan in Noord-Amerika (US$2,1 duizend). De groei van de industrie in Zuid-Amerika was groter dan in Noord-Amerika (2,5%); maar minder dan in Centraal-Amerika (7,2%) en in de Caraïben (5,3%).

Leiders. De waarde van de industrie in Zuid-Amerika in de jaren 1970 bestond uit: Brazilië (41,2%), Argentinië (21,5%), Venezuela (16,7%), Colombia (6,1%), Chili (5,1%), en andere (9,3%). Het aandeel van de industrie in economie van de leiders: Venezuela (41,5%), Argentinië (36,3%), Brazilië (33,1%), Chili (30,9%) en Colombia (24,2%). De industrie per hoofd in Zuid-Amerika onder de leiders: Venezuela ($1.001,8), Argentinië ($655,8), Chili ($377,9), Brazilië ($304,0) en Colombia ($201,8). De groei van de industrie onder de leiders: Brazilië (9,3%), Colombia (5,8%), Argentinië (2,4%), Chili (2,0%) en Venezuela (0,44%).

de jaren 1980

De waarde van de industrie in Zuid-Amerika bedroeg in de jaren 1980 US$172,4 miljard per jaar, en was vergelijkbaar met het Verenigd Koninkrijk (US$171,2 miljard). Het aandeel in de wereld was 4,1%, en 12,5% in Amerika.

Het aandeel van de industrie in de economie van Zuid-Amerika was 32,8% in de jaren 1980, en was vergelijkbaar met Oost-Azië (32,8%), Duitsland (32,8%).

De waarde van de industrie per hoofd in Zuid-Amerika was $650,3 in de jaren 1980s. De toegevoegde waarde van de industrie per hoofd in Zuid-Amerika was 24,5% lager dan de industrie per hoofd van de bevolking in de wereld ($861,8), en was in 3,2 keer lager dan de industrie per hoofd van de bevolking in Amerika ($861,8).

De groei van de industrie in Zuid-Amerika bedroeg 1.2% in de jaren 1980. De groei van de industrie in Zuid-Amerika (1,2%) was minder dan de groei van de industrie in de wereld (2,3%), was minder dan de groei van de industrie in Amerika (1,9%).

Vergelijking met subregio's. De toegevoegde waarde van de industrie in Zuid-Amerika was groter dan in Centraal-Amerika (US$90,4 miljard) en in de Caraïben (US$19,0 miljard); maar minder dan in Noord-Amerika (US$1,1 biljoen). De toegevoegde waarde van de industrie per hoofd in Zuid-Amerika was in Zuid-Amerika groter dan in de Caraïben (US$618,5); maar minder dan in Noord-Amerika (US$4,1 duizend) en in Centraal-Amerika (US$893,3). De groei van de industrie in Zuid-Amerika was minder dan in Centraal-Amerika (2,9%), in de Caraïben (2,9%) en in Noord-Amerika (1,9%).

Leiders. De sector van de industrie in Zuid-Amerika in de jaren 1980 bestond uit: Brazilië (46,3%), Argentinië (16,6%), Venezuela (15,2%), Colombia (7,5%), Peru (4,7%), en andere (9,6%). Het aandeel van de industrie in economie van de leiders: Venezuela (41,6%), Peru (35,1%), Brazilië (33,5%), Argentinië (31,2%) en Colombia (25,9%). De waarde van de industrie per hoofd in Zuid-Amerika onder de leiders: Venezuela ($1.533,2), Argentinië ($955,5), Brazilië ($596,7), Colombia ($437,9) en Peru ($414,7). De groei van de industrie onder de leiders: Colombia (4,9%), Brazilië (2,0%), Venezuela (0,60%), Argentinië (-1,5%) en Peru (-1,6%).

de jaren 1990

De sector van de industrie in Zuid-Amerika bedroeg in de jaren 1990 US$270,8 miljard per jaar, en was vergelijkbaar met het Verenigd Koninkrijk (US$268,6 miljard). Het aandeel in de wereld was 4,0%, en 13,0% in Amerika.

Het aandeel van de industrie in de economie van Zuid-Amerika was 24,2% in de jaren 1990, en was vergelijkbaar met Tunesië (24,2%), Zuid-Azië (24,2%), Canada (24,2%).

De waarde van de industrie per hoofd in Zuid-Amerika was $847,9 in de jaren 1990s, en was vergelijkbaar met Estland (US$838,1), Slowakije (US$859,9), de Britse Maagdeneilanden (US$863,4). De waarde van de industrie per hoofd in Zuid-Amerika was 27,9% lager dan de industrie per hoofd van de bevolking in de wereld ($1.175,6), en was in 3,2 keer lager dan de industrie per hoofd van de bevolking in Amerika ($1.175,6).

De groei van de industrie in Zuid-Amerika bedroeg 2.3% in de jaren 1990, en was vergelijkbaar met de FS van Micronesië (2,2%), Antigua en Barbuda (2,2%), Oceanië (2,3%). De groei van de industrie in Zuid-Amerika (2,3%) was minder dan de groei van de industrie in de wereld (2,5%), was minder dan de groei van de industrie in Amerika (2,8%).

Vergelijking met subregio's. De toegevoegde waarde van de industrie in Zuid-Amerika was groter dan in Centraal-Amerika (US$135,3 miljard) en in de Caraïben (US$32,4 miljard); maar minder dan in Noord-Amerika (US$1,6 biljoen). De toegevoegde waarde van de industrie per hoofd in Zuid-Amerika was in Zuid-Amerika minder dan in Noord-Amerika (US$5,6 duizend), in Centraal-Amerika (US$1.096,6) en in de Caraïben (US$924,3). De groei van de industrie in Zuid-Amerika was minder dan in Centraal-Amerika (3,6%), in Noord-Amerika (2,8%) en in de Caraïben (2,7%).

Leiders. De sector van de industrie in Zuid-Amerika in de jaren 1990 bestond uit: Brazilië (47,2%), Argentinië (19,5%), Venezuela (10,2%), Colombia (7,7%), Chili (6,3%), en andere (9,0%). Het aandeel van de industrie in economie van de leiders: Venezuela (41,4%), Chili (30,5%), Colombia (24,1%), Argentinië (22,4%) en Brazilië (22,2%). De waarde van de industrie per hoofd in Zuid-Amerika onder de leiders: Argentinië ($1.530,5), Venezuela ($1.277,0), Chili ($1.199,2), Brazilië ($794,7) en Colombia ($581,7). De groei van de industrie onder de leiders: Chili (5,9%), Argentinië (4,3%), Venezuela (3,1%), Colombia (2,2%) en Brazilië (0,67%).

de jaren 2000

De waarde van de industrie in Zuid-Amerika bedroeg in de jaren 2000 US$426,5 miljard per jaar. Het aandeel in de wereld was 4,2%, en 13,9% in Amerika.

Het aandeel van de industrie in de economie van Zuid-Amerika was 26,6% in de jaren 2000, en was vergelijkbaar met Ecuador (26,6%), Mexico (26,7%).

De sector van de industrie per hoofd in Zuid-Amerika was $1.156,1 in de jaren 2000s, en was vergelijkbaar met Letland (US$1.143,7), Zuid-Afrika (US$1.130,5). De industrie per hoofd in Zuid-Amerika was 26,5% lager dan de industrie per hoofd van de bevolking in de wereld ($1.573,8), en was in 3,0 keer lager dan de industrie per hoofd van de bevolking in Amerika ($1.573,8).

De groei van de industrie in Zuid-Amerika bedroeg 2.4% in de jaren 2000, en was vergelijkbaar met de Verenigde Arabische Emiraten (2,4%), Kameroen (2,4%). De groei van de industrie in Zuid-Amerika (2,4%) was minder dan de groei van de industrie in de wereld (2,9%), was groter dan de groei van de industrie in Amerika (1,4%).

Vergelijking met subregio's. De toegevoegde waarde van de industrie in Zuid-Amerika was groter dan in Centraal-Amerika (US$239,4 miljard) en in de Caraïben (US$62,5 miljard); maar minder dan in Noord-Amerika (US$2,3 biljoen). De sector van de industrie per hoofd in Zuid-Amerika was in Zuid-Amerika minder dan in Noord-Amerika (US$7,2 duizend), in Centraal-Amerika (US$1.650,2) en in de Caraïben (US$1.620,3). De groei van de industrie in Zuid-Amerika was groter dan in de Caraïben (1,4%), in Noord-Amerika (1,3%)

en in Centraal-Amerika (0,35%).

Leiders. De waarde van de industrie in Zuid-Amerika in de jaren 2000 bestond uit: Brazilië (43,1%), Venezuela (16,0%), Argentinië (12,8%), Colombia (9,0%), Chili (8,6%), en andere (10,5%). Het aandeel van de industrie in economie van de leiders: Venezuela (41,3%), Chili (33,4%), Colombia (28,2%), Argentinië (26,1%) en Brazilië (22,2%). De industrie per hoofd in Zuid-Amerika onder de leiders: Venezuela ($2.604,0), Chili ($2.272,0), Argentinië ($1.413,0), Brazilië ($994,9) en Colombia ($907,6). De groei van de industrie onder de leiders: Colombia (3,0%), Brazilië (2,5%), Argentinië (2,2%), Chili (1,4%) en Venezuela (0,85%).

de jaren 2010

De toegevoegde waarde van de industrie in Zuid-Amerika bedroeg in de jaren 2010 US$780,8 miljard per jaar, en was vergelijkbaar met Noord-Europa (US$780,4 miljard), Zuidoost-Azië (US$764,3 miljard). Het aandeel in de wereld was 4,6%, en 18,4% in Amerika.

Het aandeel van de industrie in de economie van Zuid-Amerika was 22,1% in de jaren 2010, en was vergelijkbaar met Nicaragua (22,1%), Oostenrijk (22,1%), Bosnië en Herzegovina (22,2%).

De sector van de industrie per hoofd in Zuid-Amerika was $1.904,7 in de jaren 2010s, en was vergelijkbaar met Suriname (US$1.909,7), Andorra (US$1.916,1), Centraal-Amerika (US$1.921,1). De industrie per hoofd in Zuid-Amerika was 17,9% lager dan de industrie per hoofd van de bevolking in de wereld ($2.320,9), en was in 2,3 keer lager dan de industrie per hoofd van de bevolking in Amerika ($2.320,9).

De groei van de industrie in Zuid-Amerika bedroeg 0.2% in de jaren 2010. De groei van de industrie in Zuid-Amerika (0,22%) was minder dan de groei van de industrie in de wereld (3,5%), was minder dan de groei van de industrie in Amerika (1,8%).

Vergelijking met subregio's. De waarde van de industrie in Zuid-Amerika was 2,4 keer groter dan in Centraal-Amerika (US$322,2 miljard) en 8,5 keer groter dan in de Caraïben (US$91,6 miljard); maar 3,9 keer minder dan in Noord-Amerika (US$3,0 biljoen). De waarde van de industrie per hoofd in Zuid-Amerika was in Zuid-Amerika4,5 keer minder dan in Noord-Amerika (US$8,6 duizend), 13,8% minder dan in de Caraïben (US$2,2 duizend) en 0,85% minder dan in Centraal-Amerika (US$1.921,1). De groei van de industrie in Zuid-Amerika was minder dan in Noord-Amerika (2,2%), in Centraal-Amerika (1,7%) en in de Caraïben (0,30%).

Leiders. De sector van de industrie in Zuid-Amerika in de jaren 2010 bestond uit: Brazilië (42,8%), Argentinië (13,6%), Venezuela (12,5%), Colombia (9,9%), Chili (8,3%), en andere (12,9%). Het aandeel van de industrie in economie van de leiders: Venezuela (34,1%), Chili (26,9%), Colombia (25,7%), Argentinië (22,8%) en Brazilië (18,1%). De sector van de industrie per hoofd in Zuid-Amerika onder de leiders: Chili ($3.613,6), Venezuela ($3.326,3), Argentinië ($2.471,2), Brazilië ($1.643,4) en Colombia ($1.625,5). De groei van de industrie onder de leiders: Colombia (2,1%), Chili (1,9%), Brazilië (0,27%), Argentinië (-0,33%) en Venezuela (-5,9%).

Hoofdstuk 5.1. Fabricage

(ISIC D)

De sector van de fabricage in Zuid-Amerika steeg van US$63,8 miljard per jaar in de jaren 1970 tot US$480,0 miljard per jaar in de jaren 2010, dat wil zeggen met US$416,2 miljard of 7,5 keer. De verandering vond plaats op US$344,2 miljard als gevolg van een 3,5-voudige stijging van de prijzen, en ook op US$13,0 miljard als gevolg van een 1,1-voudige toename van de productiviteit , evenals op US$58,9 miljard als gevolg van de toename van de bevolking. De gemiddelde jaarlijkse groei van de fabricage is 2,0%. De minimumwaarde van de fabricage bedroeg US$28,1 miljard in 1970. De maximumwaarde van de fabricage bedroeg US$556,9 miljard in 2011.

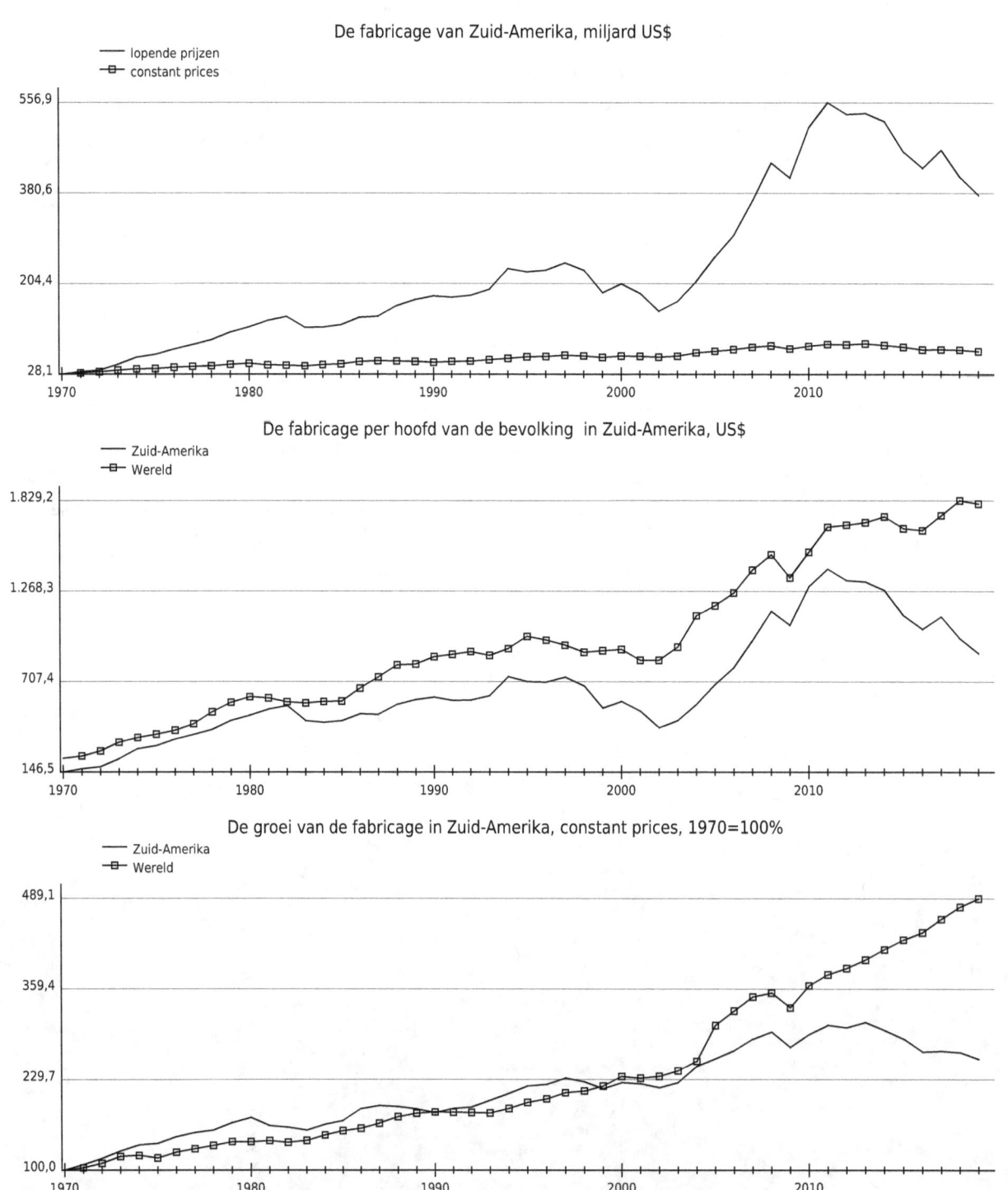

De fabricage van Zuid-Amerika, miljard US$

De fabricage per hoofd van de bevolking in Zuid-Amerika, US$

De groei van de fabricage in Zuid-Amerika, constant prices, 1970=100%

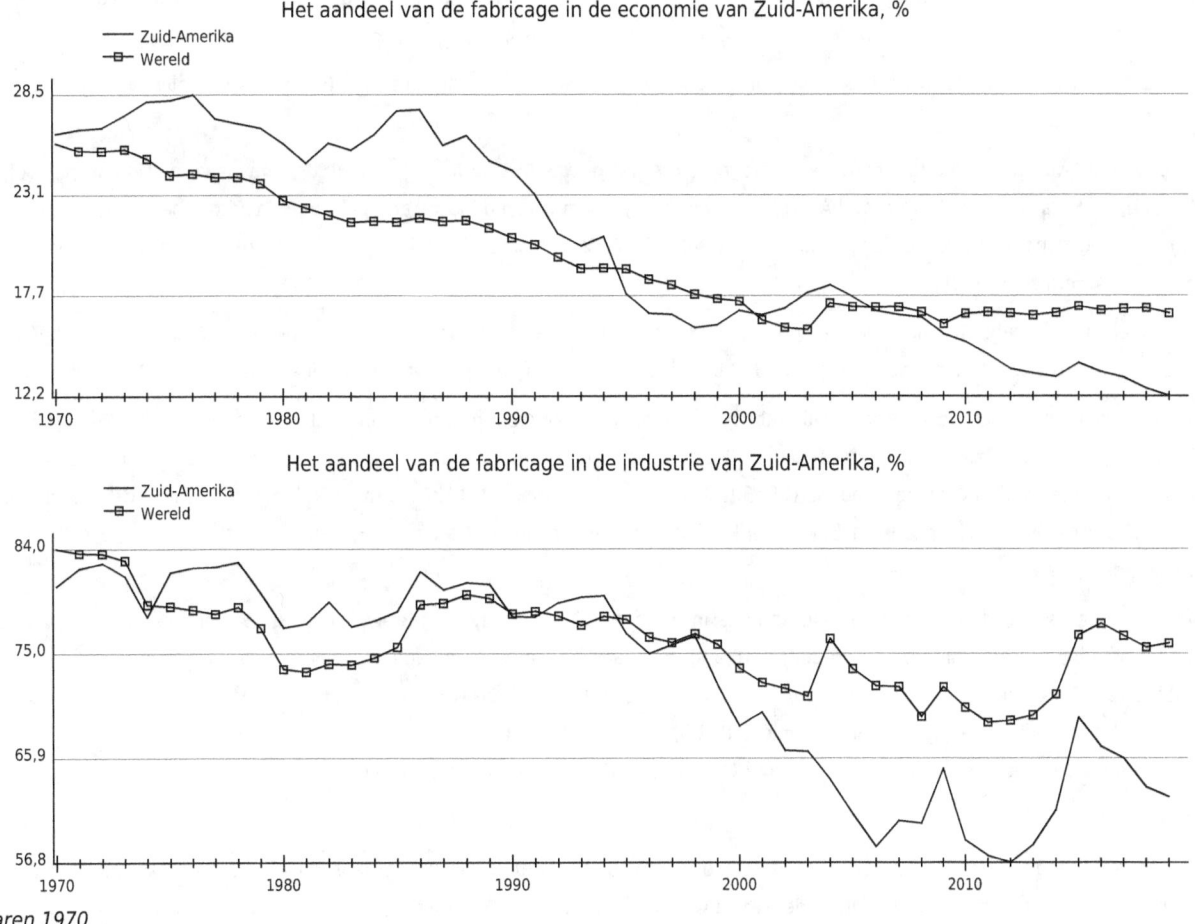

Het aandeel van de fabricage in de economie van Zuid-Amerika, %

Het aandeel van de fabricage in de industrie van Zuid-Amerika, %

de jaren 1970

De waarde van de fabricage in Zuid-Amerika bedroeg in de jaren 1970 US$63,8 miljard per jaar, en was vergelijkbaar met Frankrijk (US$64,5 miljard). Het aandeel in de wereld was 4,1%, en 12,7% in Amerika.

Het aandeel van de fabricage in de economie van Zuid-Amerika was 27,3% in de jaren 1970, en was vergelijkbaar met Italië (27,1%).

De fabricage per hoofd in Zuid-Amerika was $299,4 in de jaren 1970s, en was vergelijkbaar met Turkije (US$302,4), Hongarije (US$304,2), Saoedi-Arabië (US$305,0). De sector van de fabricage per hoofd in Zuid-Amerika was 21,9% lager dan de fabricage per hoofd van de bevolking in de wereld ($383,2), en was in 3,0 keer lager dan de fabricage per hoofd van de bevolking in Amerika ($383,2).

De groei van de fabricage in Zuid-Amerika bedroeg 5.9% in de jaren 1970, en was vergelijkbaar met Sri Lanka (5,9%), Zuidwest-Azië (5,9%), Oost-Europa (5,9%). De groei van de fabricage in Zuid-Amerika (5,9%) was groter dan de groei van de fabricage in de wereld (3,8%), was groter dan de groei van de fabricage in Amerika (3,6%).

Vergelijking met subregio's. De sector van de fabricage in Zuid-Amerika was groter dan in Centraal-Amerika (US$22,1 miljard) en in de Caraïben (US$6,5 miljard); maar minder dan in Noord-Amerika (US$409,6 miljard). De sector van de fabricage per hoofd in Zuid-Amerika was in Zuid-Amerika groter dan in Centraal-Amerika (US$279,6) en in de Caraïben (US$245,5); maar minder dan in Noord-Amerika (US$1.698,2). De groei van de fabricage in Zuid-Amerika was groter dan in Noord-Amerika (2,8%); maar minder dan in Centraal-Amerika (6,9%) en in de Caraïben (6,3%).

Leiders. De sector van de fabricage in Zuid-Amerika in de jaren 1970 bestond uit: Brazilië (46,4%), Argentinië (24,1%), Venezuela (11,6%), Colombia (6,8%), Chili (3,6%), en andere (7,5%). Het aandeel van de fabricage in economie van de leiders: Argentinië (33,1%), Brazilië (30,4%), Venezuela (23,6%), Colombia (22,0%) en Chili (17,7%). De toegevoegde waarde van de fabricage per hoofd in Zuid-Amerika onder de leiders: Argentinië ($598,3), Venezuela ($569,3), Brazilië ($278,8), Chili ($216,4) en Colombia ($183,0). De groei van de fabricage onder de leiders: Brazilië (9,3%), Colombia (6,5%), Venezuela (5,5%), Argentinië (2,2%) en Chili (0,60%).

de jaren 1980

De sector van de fabricage in Zuid-Amerika bedroeg in de jaren 1980 US$136,8 miljard per jaar, en was vergelijkbaar met Italië (US$134,1 miljard). Het aandeel in de wereld was 4,3%, en 12,9% in Amerika.

Het aandeel van de fabricage in de economie van Zuid-Amerika was 26,0% in de jaren 1980, en was vergelijkbaar met Venezuela (25,9%).

De toegevoegde waarde van de fabricage per hoofd in Zuid-Amerika was $516,2 in de jaren 1980s, en was vergelijkbaar met Bulgarije (US$510,5), Andorra (US$509,0), Centraal-Amerika (US$509,0). De sector van de fabricage per hoofd in Zuid-Amerika was 21,9% lager dan de fabricage per hoofd van de bevolking in de wereld ($661,2), en was in 3,1 keer lager dan de fabricage per hoofd van de bevolking in Amerika ($661,2).

De groei van de fabricage in Zuid-Amerika bedroeg 1.1% in de jaren 1980. De groei van de fabricage in Zuid-Amerika (1,1%) was minder dan de groei van de fabricage in de wereld (2,6%), was minder dan de groei van de fabricage in Amerika (1,8%).

Vergelijking met subregio's. De waarde van de fabricage in Zuid-Amerika was groter dan in Centraal-Amerika (US$51,5 miljard) en in de Caraïben (US$15,3 miljard); maar minder dan in Noord-Amerika (US$854,3 miljard). De fabricage per hoofd in Zuid-Amerika was in Zuid-Amerika groter dan in Centraal-Amerika (US$509,0) en in de Caraïben (US$497,2); maar minder dan in Noord-Amerika (US$3,2 duizend). De groei van de fabricage in Zuid-Amerika was minder dan in de Caraïben (3,2%), in Centraal-Amerika (2,0%) en in Noord-Amerika (1,9%).

Leiders. De waarde van de fabricage in Zuid-Amerika in de jaren 1980 bestond uit: Brazilië (51,2%), Argentinië (18,0%), Venezuela (12,0%), Colombia (7,6%), Chili (2,9%), en andere (8,3%). Het aandeel van de fabricage in economie van de leiders: Brazilië (29,4%), Argentinië (26,9%), Venezuela (25,9%), Colombia (20,9%) en Chili (16,2%). De waarde van de fabricage per hoofd in Zuid-Amerika onder de leiders: Venezuela ($955,2), Argentinië ($822,5), Brazilië ($524,4), Colombia ($352,7) en Chili ($322,8). De groei van de fabricage onder de leiders: Chili (3,1%), Colombia (2,6%), Brazilië (2,0%), Venezuela (1,5%) en Argentinië (-2,0%).

de jaren 1990

De sector van de fabricage in Zuid-Amerika bedroeg in de jaren 1990 US$208,6 miljard per jaar, en was vergelijkbaar met het Verenigd Koninkrijk (US$207,8 miljard). Het aandeel in de wereld was 4,0%, en 12,4% in Amerika.

Het aandeel van de fabricage in de economie van Zuid-Amerika was 18,7% in de jaren 1990, en was vergelijkbaar met Tunesië (18,7%), Nigeria (18,8%), India (18,5%).

De waarde van de fabricage per hoofd in Zuid-Amerika was $653,1 in de jaren 1990s, en was vergelijkbaar met Polen (US$659,9), Brazilië (US$660,3), Zuid-Afrika (US$641,7). De toegevoegde waarde van de fabricage per hoofd in Zuid-Amerika was 28,1% lager dan de fabricage per hoofd van de bevolking in de wereld ($908,4), en was in 3,3 keer lager dan de fabricage per hoofd van de bevolking in Amerika ($908,4).

De groei van de fabricage in Zuid-Amerika bedroeg 1.4% in de jaren 1990, en was vergelijkbaar met Australië (1,4%), Guinee-Bissau (1,4%). De groei van de fabricage in Zuid-Amerika (1,4%) was minder dan de groei van de fabricage in de wereld (2,0%), was minder dan de groei van de fabricage in Amerika (3,0%).

Vergelijking met subregio's. De fabricage van Zuid-Amerika was groter dan in Centraal-Amerika (US$97,1 miljard) en in de Caraïben (US$27,7 miljard); maar minder dan in Noord-Amerika (US$1,3 biljoen). De fabricage per hoofd in Zuid-Amerika was in Zuid-Amerika minder dan in Noord-Amerika (US$4,6 duizend), in de Caraïben (US$791,2) en in Centraal-Amerika (US$786,6). De groei van de fabricage in Zuid-Amerika was minder dan in Centraal-Amerika (4,2%), in Noord-Amerika (3,2%) en in de Caraïben (2,7%).

Leiders. De toegevoegde waarde van de fabricage in Zuid-Amerika in de jaren 1990 bestond uit: Brazilië (50,9%), Argentinië (20,4%), Venezuela (7,3%), Colombia (7,1%), Chili (5,3%), en andere (9,0%). Het aandeel van de fabricage in economie van de leiders: Venezuela (22,9%), Chili (19,9%), Brazilië (18,4%), Argentinië (18,0%) en Colombia (16,9%). De waarde van de fabricage per hoofd in Zuid-Amerika onder de leiders: Argentinië ($1.228,5), Chili ($781,8), Venezuela ($705,9), Brazilië ($660,3) en Colombia ($408,1). De groei van de fabricage onder de leiders: Chili (4,1%), Argentinië (3,8%), Venezuela (1,5%), Colombia (0,52%) en Brazilië (0,39%).

de jaren 2000

De waarde van de fabricage in Zuid-Amerika bedroeg in de jaren 2000 US$268,6 miljard per jaar. Het aandeel in de wereld was 3,6%, en 11,8% in Amerika.

Het aandeel van de fabricage in de economie van Zuid-Amerika was 16,8% in de jaren 2000, en was vergelijkbaar met de Wereld (16,7%), Europa (16,7%), Zuidelijk Afrika (16,9%).

De toegevoegde waarde van de fabricage per hoofd in Zuid-Amerika was $728,1 in de jaren 2000s, en was vergelijkbaar met Servië (US$732,0), Brazilië (US$734,9), Zuid-Afrika (US$712,6). De sector van de fabricage per hoofd in Zuid-Amerika was 36,0% lager dan de fabricage per hoofd van de bevolking in de wereld ($1.138,1), en was in 3,5 keer lager dan de fabricage per hoofd van de bevolking in Amerika ($1.138,1).

De groei van de fabricage in Zuid-Amerika bedroeg 2.5% in de jaren 2000. De groei van de fabricage in Zuid-Amerika (2,5%) was minder dan de groei van de fabricage in de wereld (4,2%), was groter dan de groei van de fabricage in Amerika (1,4%).

Vergelijking met subregio's. De waarde van de fabricage in Zuid-Amerika was groter dan in Centraal-Amerika (US$158,5 miljard) en in de Caraïben (US$52,5 miljard); maar minder dan in Noord-Amerika (US$1,8 biljoen). De toegevoegde waarde van de fabricage per hoofd in Zuid-Amerika was in Zuid-Amerika minder dan in Noord-Amerika (US$5,5 duizend), in de Caraïben (US$1.361,4) en in Centraal-Amerika (US$1.092,6). De groei van de fabricage in Zuid-Amerika was groter dan in de Caraïben (1,6%), in Noord-Amerika (1,3%) en in Centraal-Amerika (0,090%).

Leiders. De sector van de fabricage in Zuid-Amerika in de jaren 2000 bestond uit: Brazilië (50,6%), Argentinië (14,9%), Venezuela (9,7%), Colombia (8,7%), Chili (6,2%), en andere (9,9%). Het aandeel van de fabricage in economie van de leiders: Argentinië (19,2%), Colombia (17,2%), Brazilië (16,4%), Venezuela (15,8%) en Chili (15,2%). De toegevoegde waarde van de fabricage per hoofd in Zuid-Amerika onder de leiders: Argentinië ($1.037,2), Chili ($1.033,3), Venezuela ($993,0), Brazilië ($734,9) en Colombia ($555,2). De groei van de fabricage onder de leiders: Colombia (4,3%), Chili (2,4%), Brazilië (2,3%), Argentinië (2,2%) en Venezuela (1,5%).

de jaren 2010

De waarde van de fabricage in Zuid-Amerika bedroeg in de jaren 2010 US$480,0 miljard per jaar, en was vergelijkbaar met Zuid-Azië (US$483,0 miljard), Oost-Europa (US$471,0 miljard). Het aandeel in de wereld was 3,9%, en 15,9% in Amerika.

Het aandeel van de fabricage in de economie van Zuid-Amerika was 13,6% in de jaren 2010, en was vergelijkbaar met Portugal (13,6%), Rusland (13,6%), Colombia (13,6%).

De waarde van de fabricage per hoofd in Zuid-Amerika was $1.170,9 in de jaren 2010s, en was vergelijkbaar met Kazachstan (US$1.170,2), Brazilië (US$1.144,2). De fabricage per hoofd in Zuid-Amerika was 31,0% lager dan de fabricage per hoofd van de bevolking in de wereld ($1.697,4), en was in 2,6 keer lager dan de fabricage per hoofd van de bevolking in Amerika ($1.697,4).

De groei van de fabricage in Zuid-Amerika bedroeg -0.6% in de jaren 2010. De groei van de fabricage in Zuid-Amerika (-0,63%) was minder dan de groei van de fabricage in de wereld (3,9%), was minder dan de groei van de fabricage in Amerika (1,6%).

Vergelijking met subregio's. De sector van de fabricage in Zuid-Amerika was 2,1 keer groter dan in Centraal-Amerika (US$224,6 miljard) en 6,1 keer groter dan in de Caraïben (US$78,1 miljard); maar 4,7 keer minder dan in Noord-Amerika (US$2,2 biljoen). De toegevoegde waarde van de fabricage per hoofd in Zuid-Amerika was in Zuid-Amerika5,4 keer minder dan in Noord-Amerika (US$6,3 duizend), 37,9% minder dan in de Caraïben (US$1.885,7) en 12,6% minder dan in Centraal-Amerika (US$1.339,0). De groei van de fabricage in Zuid-Amerika was minder dan in Centraal-Amerika (2,9%), in Noord-Amerika (1,9%) en in de Caraïben (0,042%).

Leiders. De fabricage van Zuid-Amerika in de jaren 2010 bestond uit: Brazilië (48,5%), Argentinië (16,4%), Venezuela (8,5%), Colombia (8,5%), Chili (5,9%), en andere (12,1%). Het aandeel van de fabricage in economie van de leiders: Argentinië (17,0%), Venezuela (14,3%), Colombia (13,6%), Brazilië (12,6%) en Chili (11,8%). De waarde van de fabricage per hoofd in Zuid-Amerika onder de leiders: Argentinië ($1.841,2), Chili ($1.589,6), Venezuela ($1.399,4), Brazilië ($1.144,2) en Colombia ($857,5). De groei van de fabricage onder de leiders: Chili (2,1%), Colombia (1,9%), Argentinië (-0,30%), Brazilië (-0,31%) en Venezuela (-11,8%).

Hoofdstuk VI. Constructie

(ISIC F)

De toegevoegde waarde van de constructie in Zuid-Amerika steeg van US$17,3 miljard per jaar in de jaren 1970 tot US$226,9 miljard per jaar in de jaren 2010, dat wil zeggen met US$209,7 miljard of 13,1 keer. De verandering vond plaats op US$189,4 miljard als gevolg van een 6,1-voudige stijging van de prijzen, en ook op US$4,3 miljard als gevolg van een 1,1-voudige toename van de productiviteit , evenals op US$15,9 miljard als gevolg van de toename van de bevolking. De gemiddelde jaarlijkse groei van de constructie is 2,1%. De minimumwaarde van de constructie bedroeg US$6,6 miljard in 1970. De maximumwaarde van de constructie bedroeg US$272,4 miljard in 2013.

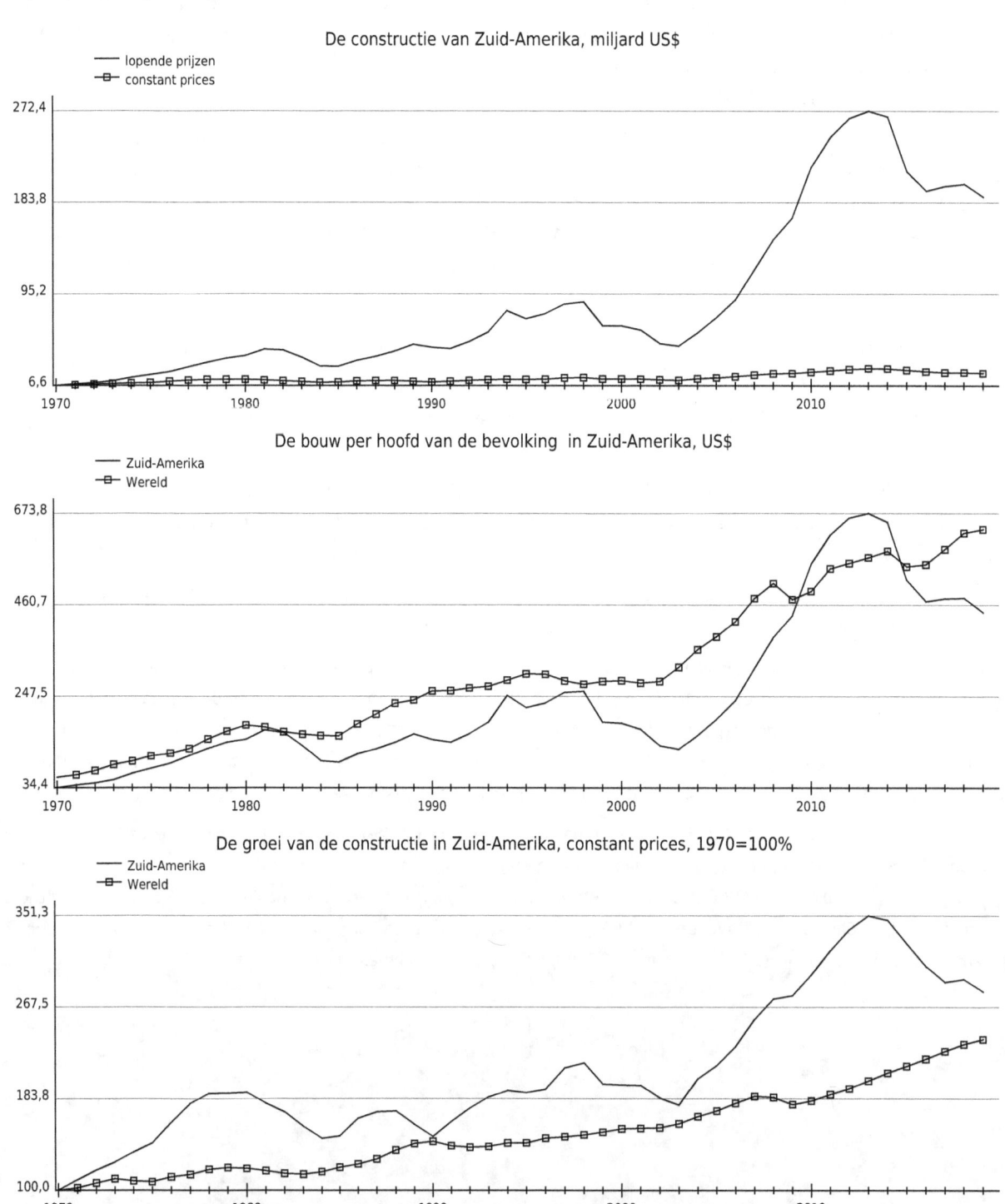

De constructie van Zuid-Amerika, miljard US$

De bouw per hoofd van de bevolking in Zuid-Amerika, US$

De groei van de constructie in Zuid-Amerika, constant prices, 1970=100%

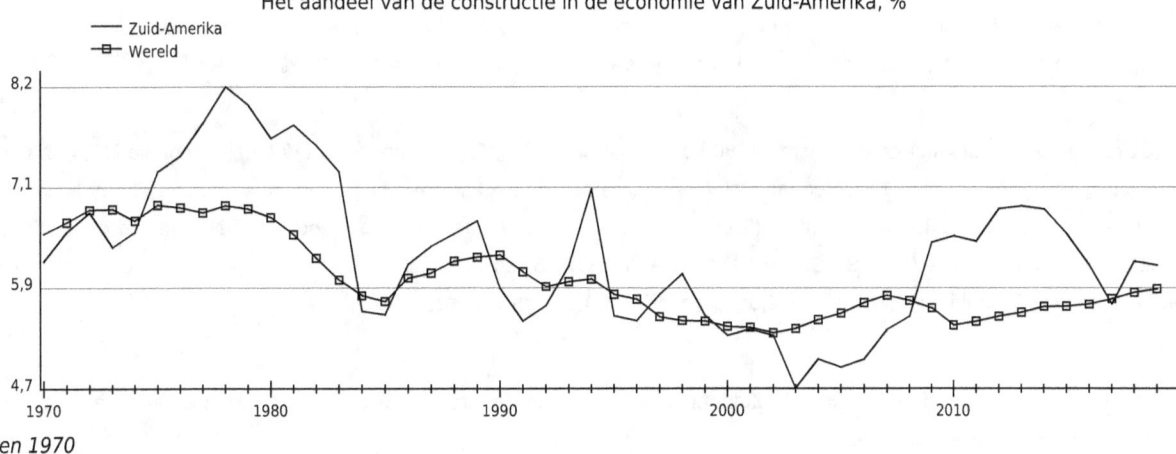

Het aandeel van de constructie in de economie van Zuid-Amerika, %

de jaren 1970

De waarde van de constructie in Zuid-Amerika bedroeg in de jaren 1970 US$17,3 miljard per jaar, en was vergelijkbaar met het Verenigd Koninkrijk (US$17,7 miljard). Het aandeel in de wereld was 4,0%, en 14,2% in Amerika.

Het aandeel van de constructie in de economie van Zuid-Amerika was 7,4% in de jaren 1970, en was vergelijkbaar met Chili (7,4%), de Nederland (7,4%), Barbados (7,4%).

De constructie per hoofd in Zuid-Amerika was $81,0 in de jaren 1970s, en was vergelijkbaar met Uruguay (US$81,5), Jamaica (US$81,8), Roemenië (US$79,9). De waarde van de constructie per hoofd in Zuid-Amerika was 23,7% lager dan de constructie per hoofd van de bevolking in de wereld ($106,1), en was in 2,7 keer lager dan de constructie per hoofd van de bevolking in Amerika ($106,1).

De groei van de constructie in Zuid-Amerika bedroeg 7.3% in de jaren 1970, en was vergelijkbaar met Melanesië (7,3%). De groei van de constructie in Zuid-Amerika (7,3%) was groter dan de groei van de constructie in de wereld (2,1%), was groter dan de groei van de constructie in Amerika (1,5%).

Vergelijking met subregio's. De sector van de constructie in Zuid-Amerika was groter dan in Centraal-Amerika (US$9,0 miljard) en in de Caraïben (US$2,2 miljard); maar minder dan in Noord-Amerika (US$93,3 miljard). De waarde van de constructie per hoofd in Zuid-Amerika was in Zuid-Amerika minder dan in Noord-Amerika (US$386,9), in Centraal-Amerika (US$113,4) en in de Caraïben (US$84,1). De groei van de constructie in Zuid-Amerika was groter dan in Centraal-Amerika (6,5%), in de Caraïben (2,6%) en in Noord-Amerika (0,50%).

Leiders. De toegevoegde waarde van de constructie in Zuid-Amerika in de jaren 1970 bestond uit: Brazilië (35,4%), Venezuela (29,6%), Argentinië (19,0%), Chili (5,5%), Colombia (3,9%), en andere (6,6%). Het aandeel van de constructie in economie van de leiders: Venezuela (16,2%), Chili (7,4%), Argentinië (7,1%), Brazilië (6,3%) en Colombia (3,4%). De constructie per hoofd in Zuid-Amerika onder de leiders: Venezuela ($391,9), Argentinië ($127,8), Chili ($90,4), Brazilië ($57,5) en Colombia ($28,5). De groei van de constructie onder de leiders: Venezuela (11,8%), Brazilië (9,3%), Colombia (4,2%), Argentinië (2,8%) en Chili (-3,3%).

de jaren 1980

De waarde van de constructie in Zuid-Amerika bedroeg in de jaren 1980 US$35,4 miljard per jaar, en was vergelijkbaar met Italië (US$35,3 miljard). Het aandeel in de wereld was 3,9%, en 13,5% in Amerika.

Het aandeel van de constructie in de economie van Zuid-Amerika was 6,7% in de jaren 1980, en was vergelijkbaar met Malawi (6,7%), Cuba (6,7%), Canada (6,7%).

De bouw per hoofd in Zuid-Amerika was $133,6 in de jaren 1980s, en was vergelijkbaar met Uruguay (US$132,4), Turkije (US$135,2), Bulgarije (US$135,5). De constructie per hoofd in Zuid-Amerika was 28,2% lager dan de constructie per hoofd van de bevolking in de wereld ($186,2), en was in 3,0 keer lager dan de constructie per hoofd van de bevolking in Amerika ($186,2).

De groei van de constructie in Zuid-Amerika bedroeg -1.6% in de jaren 1980. De groei van de constructie in Zuid-Amerika (-1,6%) was minder dan de groei van de constructie in de wereld (1,7%), was minder dan de groei van de constructie in Amerika (0,83%).

Vergelijking met subregio's. De waarde van de constructie in Zuid-Amerika was groter dan in Centraal-Amerika (US$18,0 miljard) en in de Caraïben (US$4,4 miljard); maar minder dan in Noord-Amerika (US$205,0 miljard). De sector van de constructie per hoofd in Zuid-Amerika was in Zuid-Amerika minder dan in Noord-Amerika (US$772,7), in Centraal-Amerika (US$178,0) en in de Caraïben (US$143,1). De groei van de constructie in Zuid-Amerika was minder dan in de Caraïben (3,4%), in Noord-Amerika (1,3%) en in Centraal-Amerika (-0,36%).

Leiders. De bouw van Zuid-Amerika in de jaren 1980 bestond uit: Brazilië (46,4%), Venezuela (19,6%), Argentinië (15,0%), Colombia (7,2%), Chili (4,7%), en andere (7,1%). Het aandeel van de constructie in economie van de leiders: Venezuela (11,0%), Chili (6,9%), Brazilië (6,9%), Argentinië (5,8%) en Colombia (5,1%). De waarde van de constructie per hoofd in Zuid-Amerika onder de leiders: Venezuela ($405,1), Argentinië ($177,3), Chili ($137,8), Brazilië ($122,8) en Colombia ($85,6). De groei van de constructie onder de leiders: Chili (5,5%), Colombia (5,0%), Brazilië (2,0%), Argentinië (-4,9%) en Venezuela (-9,7%).

de jaren 1990

De toegevoegde waarde van de constructie in Zuid-Amerika bedroeg in de jaren 1990 US$65,7 miljard per jaar. Het aandeel in de wereld was 4,1%, en 15,1% in Amerika.

Het aandeel van de constructie in de economie van Zuid-Amerika was 5,9% in de jaren 1990, en was vergelijkbaar met Cuba (5,9%), Qatar (5,9%), Servië (5,9%).

De sector van de constructie per hoofd in Zuid-Amerika was $205,6 in de jaren 1990s, en was vergelijkbaar met Botswana (US$201,0). De toegevoegde waarde van de constructie per hoofd in Zuid-Amerika was 26,2% lager dan de constructie per hoofd van de bevolking in de wereld ($278,6), en was in 2,7 keer lager dan de constructie per hoofd van de bevolking in Amerika ($278,6).

De groei van de constructie in Zuid-Amerika bedroeg 2.1% in de jaren 1990. De groei van de constructie in Zuid-Amerika (2,1%) was groter dan de groei van de constructie in de wereld (0,71%), was groter dan de groei van de constructie in Amerika (1,8%).

Vergelijking met subregio's. De toegevoegde waarde van de constructie in Zuid-Amerika was groter dan in Centraal-Amerika (US$32,1 miljard) en in de Caraïben (US$6,2 miljard); maar minder dan in Noord-Amerika (US$331,2 miljard). De sector van de constructie per hoofd in Zuid-Amerika was in Zuid-Amerika groter dan in de Caraïben (US$177,3); maar minder dan in Noord-Amerika (US$1.128,2) en in Centraal-Amerika (US$259,9). De groei van de constructie in Zuid-Amerika was groter dan in Noord-Amerika (1,6%) en in de Caraïben (0,11%); maar minder dan in Centraal-Amerika (3,7%).

Leiders. De sector van de constructie in Zuid-Amerika in de jaren 1990 bestond uit: Brazilië (53,2%), Argentinië (16,9%), Venezuela (7,8%), Colombia (7,4%), Chili (7,2%), en andere (7,4%). Het aandeel van de constructie in economie van de leiders: Chili (8,5%), Venezuela (7,7%), Brazilië (6,1%), Colombia (5,6%) en Argentinië (4,7%). De toegevoegde waarde van de constructie per hoofd in Zuid-Amerika onder de leiders: Chili ($332,6), Argentinië ($321,5), Venezuela ($236,8), Brazilië ($217,4) en Colombia ($135,3). De groei van de constructie onder de leiders: Chili (5,8%), Argentinië (4,9%), Venezuela (3,4%), Brazilië (1,3%) en Colombia (-3,2%).

de jaren 2000

De bouw van Zuid-Amerika bedroeg in de jaren 2000 US$87,1 miljard per jaar. Het aandeel in de wereld was 3,5%, en 10,7% in Amerika.

Het aandeel van de constructie in de economie van Zuid-Amerika was 5,4% in de jaren 2000, en was vergelijkbaar met de Bahama's (5,4%), de Maldiven (5,5%), Congo (5,4%).

De constructie per hoofd in Zuid-Amerika was $236,2 in de jaren 2000s, en was vergelijkbaar met Costa Rica (US$235,7), Algerije (US$234,1), Argentinië (US$238,7). De constructie per hoofd in Zuid-Amerika was 38,1% lager dan de constructie per hoofd van de bevolking in de wereld ($381,3), en was in 3,9 keer lager dan de constructie per hoofd van de bevolking in Amerika ($381,3).

De groei van de constructie in Zuid-Amerika bedroeg 3.5% in de jaren 2000. De groei van de constructie in Zuid-Amerika (3,5%) was groter dan de groei van de constructie in de wereld (1,5%), was groter dan de groei van de constructie in Amerika (-0,96%).

Vergelijking met subregio's. De toegevoegde waarde van de constructie in Zuid-Amerika was groter dan in Centraal-Amerika (US$71,6 miljard) en in de Caraïben (US$12,0 miljard); maar minder dan in Noord-Amerika (US$647,3 miljard). De bouw per hoofd in Zuid-Amerika was in Zuid-Amerika minder dan in Noord-Amerika (US$1.985,0), in Centraal-Amerika (US$493,5) en in de Caraïben (US$311,9). De groei van de constructie in Zuid-Amerika was groter dan in de Caraïben (2,0%), in Centraal-Amerika (1,5%) en in Noord-Amerika (-2,1%).

Leiders. De waarde van de constructie in Zuid-Amerika in de jaren 2000 bestond uit: Brazilië (45,7%), Venezuela (16,9%), Argentinië (10,6%), Chili (8,0%), Colombia (7,9%), en andere (10,9%). Het aandeel van de constructie in economie van de leiders: Venezuela (9,0%), Chili (6,4%), Colombia (5,0%), Brazilië (4,8%) en Argentinië (4,4%). De waarde van de constructie per hoofd in Zuid-Amerika onder de leiders: Venezuela ($563,8), Chili ($435,0), Argentinië ($238,7), Brazilië ($215,3) en Colombia ($162,1). De groei van de constructie onder de leiders: Colombia (7,2%), Venezuela (5,5%), Chili (3,9%), Brazilië (2,4%) en Argentinië (1,7%).

de jaren 2010

De toegevoegde waarde van de constructie in Zuid-Amerika bedroeg in de jaren 2010 US$226,9 miljard per jaar, en was vergelijkbaar met Zuid-Azië (US$228,4 miljard). Het aandeel in de wereld was 5,4%, en 19,6% in Amerika.

Het aandeel van de constructie in de economie van Zuid-Amerika was 6,4% in de jaren 2010, en was vergelijkbaar met Paraguay (6,4%), Oostenrijk (6,4%), Kazachstan (6,5%).

De sector van de constructie per hoofd in Zuid-Amerika was $553,5 in de jaren 2010s, en was vergelijkbaar met Grenada (US$551,6). De waarde van de constructie per hoofd in Zuid-Amerika was 3,3% lager dan de constructie per hoofd van de bevolking in de wereld ($572,1), en was in 2,1 keer lager dan de constructie per hoofd van de bevolking in Amerika ($572,1).

De groei van de constructie in Zuid-Amerika bedroeg 0.1% in de jaren 2010. De groei van de constructie in Zuid-Amerika (0,13%) was minder dan de groei van de constructie in de wereld (2,9%), was minder dan de groei van de constructie in Amerika (1,3%).

Vergelijking met subregio's. De bouw van Zuid-Amerika was 2,1 keer groter dan in Centraal-Amerika (US$105,6 miljard) en 11,0 keer groter dan in de Caraïben (US$20,6 miljard); maar 3,6 keer minder dan in Noord-Amerika (US$805,6 miljard). De sector van de constructie per hoofd in Zuid-Amerika was in Zuid-Amerika11,4% groter dan in de Caraïben (US$497,1); maar 4,1 keer minder dan in Noord-Amerika (US$2,3 duizend) en 12,1% minder dan in Centraal-Amerika (US$629,5). De groei van de constructie in Zuid-Amerika was minder dan in de Caraïben (3,9%), in Noord-Amerika (1,6%) en in Centraal-Amerika (1,4%).

Leiders. De bouw van Zuid-Amerika in de jaren 2010 bestond uit: Brazilië (47,3%), Argentinië (10,8%), Venezuela (10,7%), Colombia (9,6%), Chili (7,5%), en andere (14,2%). Het aandeel van de constructie in economie van de leiders: Venezuela (8,5%), Colombia (7,2%), Chili (7,1%), Brazilië (5,8%) en Argentinië (5,3%). De toegevoegde waarde van de constructie per hoofd in Zuid-Amerika onder de leiders: Chili ($946,8), Venezuela ($825,1), Argentinië ($573,5), Brazilië ($527,4) en Colombia ($457,1). De groei van de constructie onder de leiders: Colombia (3,7%), Chili (2,9%), Argentinië (1,1%), Brazilië (0,040%) en Venezuela (-10,7%).

Hoofdstuk VII. Vervoer

Transport, opslag en communicatie (ISIC I)

De toegevoegde waarde van het transport in Zuid-Amerika steeg van US$11,5 miljard per jaar in de jaren 1970 tot US$271,4 miljard per jaar in de jaren 2010, dat wil zeggen met US$259,9 miljard of 23,6 keer. De verandering vond plaats op US$218,3 miljard als gevolg van een 5,1-voudige stijging van de prijzen, en ook op US$31,0 miljard als gevolg van een 2,4-voudige toename van de productiviteit , evenals op US$10,6 miljard als gevolg van de toename van de bevolking. De gemiddelde jaarlijkse groei van het transport is 4,0%. De minimumwaarde van het transport bedroeg US$5,5 miljard in 1970. De maximumwaarde van het transport bedroeg US$301,3 miljard in 2013.

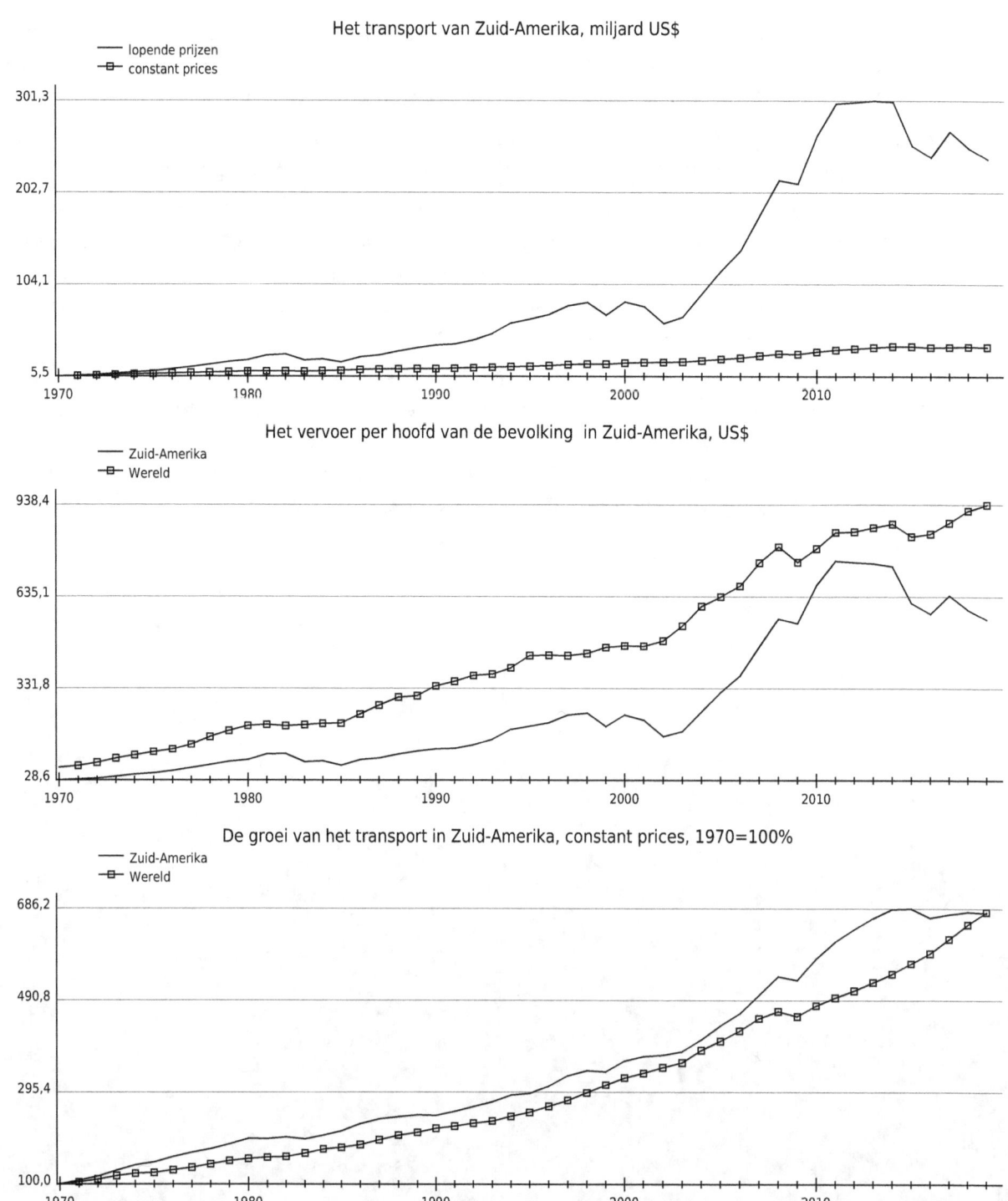

Het transport van Zuid-Amerika, miljard US$

Het vervoer per hoofd van de bevolking in Zuid-Amerika, US$

De groei van het transport in Zuid-Amerika, constant prices, 1970=100%

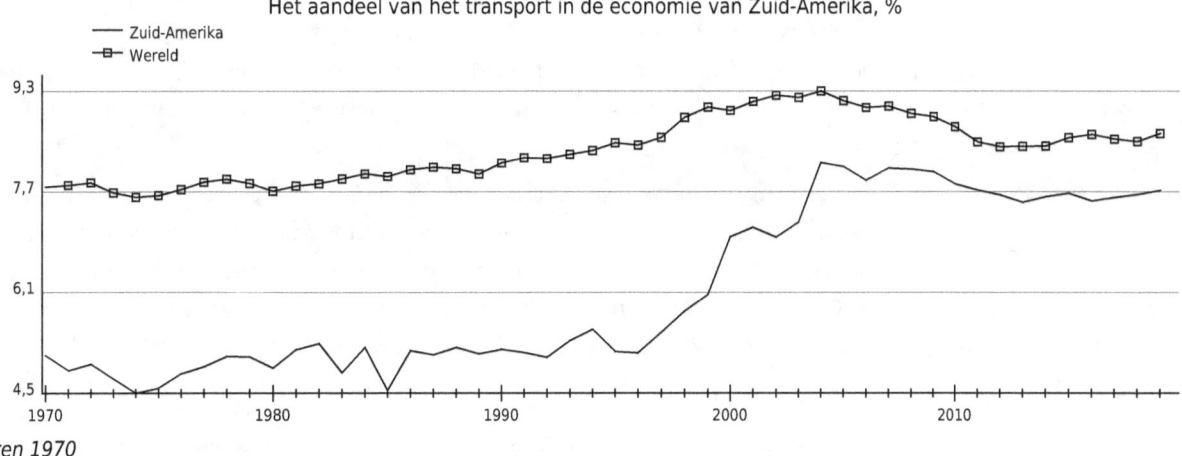

Het aandeel van het transport in de economie van Zuid-Amerika, %

de jaren 1970

Het vervoer van Zuid-Amerika bedroeg in de jaren 1970 US$11,5 miljard per jaar, en was vergelijkbaar met Nigeria (US$11,4 miljard). Het aandeel in de wereld was 2,3%, en 5,7% in Amerika.

Het aandeel van het transport in de economie van Zuid-Amerika was 4,9% in de jaren 1970, en was vergelijkbaar met Irak (4,9%).

Het transport per hoofd in Zuid-Amerika was $54,0 in de jaren 1970s, en was vergelijkbaar met de Maldiven (US$54,6), Tunesië (US$52,9), Colombia (US$55,1). De sector van het transport per hoofd in Zuid-Amerika was in 2,3 keer lager dan het transport per hoofd van de bevolking in de wereld ($122,3), en was in 6,7 keer lager dan het transport per hoofd van de bevolking in Amerika ($122,3).

De groei van het transport in Zuid-Amerika bedroeg 7.1% in de jaren 1970, en was vergelijkbaar met Cyprus (7,0%), Burkina Faso (7,0%). De groei van het transport in Zuid-Amerika (7,1%) was groter dan de groei van het transport in de wereld (4,6%), was groter dan de groei van het transport in Amerika (4,9%).

Vergelijking met subregio's. De sector van het transport in Zuid-Amerika was groter dan in Centraal-Amerika (US$6,5 miljard) en in de Caraïben (US$2,6 miljard); maar minder dan in Noord-Amerika (US$181,3 miljard). De toegevoegde waarde van het transport per hoofd in Zuid-Amerika was in Zuid-Amerika minder dan in Noord-Amerika (US$751,9), in de Caraïben (US$99,7) en in Centraal-Amerika (US$82,4). De groei van het transport in Zuid-Amerika was groter dan in de Caraïben (5,5%) en in Noord-Amerika (4,3%); maar minder dan in Centraal-Amerika (10,6%).

Leiders. Het vervoer van Zuid-Amerika in de jaren 1970 bestond uit: Brazilië (38,2%), Argentinië (15,6%), Colombia (11,4%), Venezuela (9,3%), Peru (8,9%), en andere (16,5%). Het aandeel van het transport in economie van de leiders: Peru (10,6%), Colombia (6,6%), Brazilië (4,5%), Argentinië (3,9%) en Venezuela (3,4%). De toegevoegde waarde van het transport per hoofd in Zuid-Amerika onder de leiders: Venezuela ($82,2), Argentinië ($70,0), Peru ($67,4), Colombia ($55,1) en Brazilië ($41,4). De groei van het transport onder de leiders: Brazilië (9,4%), Colombia (7,8%), Venezuela (7,3%), Peru (2,5%) en Argentinië (2,0%).

de jaren 1980

De sector van het transport in Zuid-Amerika bedroeg in de jaren 1980 US$27,0 miljard per jaar. Het aandeel in de wereld was 2,3%, en 5,7% in Amerika.

Het aandeel van het transport in de economie van Zuid-Amerika was 5,1% in de jaren 1980, en was vergelijkbaar met Guatemala (5,1%), de Filipijnen (5,1%).

De waarde van het transport per hoofd in Zuid-Amerika was $101,7 in de jaren 1980s, en was vergelijkbaar met Polen (US$102,6), de Seychellen (US$103,3), Honduras (US$99,6). De waarde van het transport per hoofd in Zuid-Amerika was in 2,4 keer lager dan het transport per hoofd van de bevolking in de wereld ($242,0), en was in 7,0 keer lager dan het transport per hoofd van de bevolking in Amerika ($242,0).

De groei van het transport in Zuid-Amerika bedroeg 2.9% in de jaren 1980, en was vergelijkbaar met Guinee (2,9%), het Verenigd Koninkrijk (3,0%). De groei van het transport in Zuid-Amerika (2,9%) was minder dan de groei van het transport in de wereld (3,4%), was minder dan de groei van het transport in Amerika (3,5%).

Vergelijking met subregio's. De waarde van het transport in Zuid-Amerika was groter dan in Centraal-Amerika (US$17,6 miljard) en in de Caraïben (US$5,7 miljard); maar minder dan in Noord-Amerika (US$423,2 miljard). Het transport per hoofd in Zuid-Amerika was in Zuid-Amerika minder dan in Noord-Amerika (US$1.595,3), in de Caraïben (US$184,1) en in Centraal-Amerika (US$174,2). De groei van het transport in Zuid-Amerika was groter dan in Centraal-Amerika (2,8%); maar minder dan in de Caraïben (3,9%) en in Noord-Amerika (3,6%).

Leiders. De sector van het transport in Zuid-Amerika in de jaren 1980 bestond uit: Brazilië (43,9%), Colombia (12,3%), Argentinië (11,1%), Venezuela (8,8%), Peru (7,7%), en andere (16,2%). Het aandeel van het transport in economie van de leiders: Peru (9,0%), Colombia (6,6%), Brazilië (5,0%), Venezuela (3,7%) en Argentinië (3,3%). De waarde van het transport per hoofd in Zuid-Amerika onder de leiders: Venezuela ($137,8), Colombia ($112,0), Peru ($106,8), Argentinië ($99,6) en Brazilië ($88,6). De groei van het transport onder de leiders: Brazilië (3,7%), Colombia (2,7%), Argentinië (1,3%), Peru (0,83%) en Venezuela (0,66%).

de jaren 1990

De waarde van het transport in Zuid-Amerika bedroeg in de jaren 1990 US$61,1 miljard per jaar. Het aandeel in de wereld was 2,6%, en 7,2% in Amerika.

Het aandeel van het transport in de economie van Zuid-Amerika was 5,5% in de jaren 1990.

De waarde van het transport per hoofd in Zuid-Amerika was $191,3 in de jaren 1990s, en was vergelijkbaar met Colombia (US$192,7), Costa Rica (US$193,8), Cuba (US$188,6). De toegevoegde waarde van het transport per hoofd in Zuid-Amerika was in 2,1 keer lager dan het transport per hoofd van de bevolking in de wereld ($409,5), en was in 5,8 keer lager dan het transport per hoofd van de bevolking in Amerika ($409,5).

De groei van het transport in Zuid-Amerika bedroeg 3.2% in de jaren 1990, en was vergelijkbaar met Honduras (3,2%), Polen (3,2%), Ecuador (3,3%). De groei van het transport in Zuid-Amerika (3,2%) was minder dan de groei van het transport in de wereld (4,0%), was minder dan de groei van het transport in Amerika (4,7%).

Vergelijking met subregio's. De waarde van het transport in Zuid-Amerika was groter dan in Centraal-Amerika (US$37,5 miljard) en in de Caraïben (US$7,3 miljard); maar minder dan in Noord-Amerika (US$745,9 miljard). Het transport per hoofd in Zuid-Amerika was in Zuid-Amerika minder dan in Noord-Amerika (US$2,5 duizend), in Centraal-Amerika (US$304,3) en in de Caraïben (US$209,6). De groei van het transport in Zuid-Amerika was groter dan in de Caraïben (2,9%); maar minder dan in Noord-Amerika (4,9%) en in Centraal-Amerika (4,5%).

Leiders. De toegevoegde waarde van het transport in Zuid-Amerika in de jaren 1990 bestond uit: Brazilië (38,9%), Argentinië (22,6%), Colombia (11,4%), Chili (7,7%), Venezuela (6,3%), en andere (13,2%). Het aandeel van het transport in economie van de leiders: Chili (8,4%), Colombia (8,0%), Argentinië (5,8%), Venezuela (5,8%) en Brazilië (4,1%). Het transport per hoofd in Zuid-Amerika onder de leiders: Argentinië ($399,1), Chili ($328,3), Colombia ($192,7), Venezuela ($177,4) en Brazilië ($148,0). De groei van het transport onder de leiders: Chili (8,7%), Argentinië (6,2%), Colombia (3,6%), Brazilië (2,2%) en Venezuela (1,3%).

de jaren 2000

De toegevoegde waarde van het transport in Zuid-Amerika bedroeg in de jaren 2000 US$125,5 miljard per jaar. Het aandeel in de wereld was 3,1%, en 8,5% in Amerika.

Het aandeel van het transport in de economie van Zuid-Amerika was 7,8% in de jaren 2000, en was vergelijkbaar met Palestina (7,8%), Ivoorkust (7,8%).

De sector van het transport per hoofd in Zuid-Amerika was $340,1 in de jaren 2000s, en was vergelijkbaar met Brazilië (US$341,6), Gabon (US$337,7), Cuba (US$337,1). De waarde van het transport per hoofd in Zuid-Amerika was 45,2% lager dan het transport per hoofd van de bevolking in de wereld ($621,1), en was in 5,0 keer lager dan het transport per hoofd van de bevolking in Amerika ($621,1).

De groei van het transport in Zuid-Amerika bedroeg 4.6% in de jaren 2000, en was vergelijkbaar met Letland (4,6%), Luxemburg (4,7%), Rusland (4,7%). De groei van het transport in Zuid-Amerika (4,6%) was groter dan de groei van het transport in de wereld (3,9%), was groter dan de groei van het transport in Amerika (3,2%).

Vergelijking met subregio's. De waarde van het transport in Zuid-Amerika was groter dan in Centraal-Amerika (US$79,6 miljard) en in de Caraïben (US$14,6 miljard); maar minder dan in Noord-Amerika (US$1,3 biljoen). Het vervoer per hoofd in Zuid-Amerika was in

Zuid-Amerika minder dan in Noord-Amerika (US$3,9 duizend), in Centraal-Amerika (US$548,7) en in de Caraïben (US$378,4). De groei van het transport in Zuid-Amerika was groter dan in de Caraïben (4,5%), in Centraal-Amerika (3,3%) en in Noord-Amerika (3,1%).

Leiders. De waarde van het transport in Zuid-Amerika in de jaren 2000 bestond uit: Brazilië (50,3%), Argentinië (11,9%), Colombia (9,8%), Venezuela (8,4%), Chili (8,3%), en andere (11,2%). Het aandeel van het transport in economie van de leiders: Chili (9,6%), Colombia (9,0%), Brazilië (7,6%), Argentinië (7,2%) en Venezuela (6,4%). De sector van het transport per hoofd in Zuid-Amerika onder de leiders: Chili ($650,4), Venezuela ($404,7), Argentinië ($387,4), Brazilië ($341,6) en Colombia ($290,5). De groei van het transport onder de leiders: Venezuela (8,5%), Argentinië (5,3%), Chili (4,9%), Colombia (4,5%) en Brazilië (3,8%).

de jaren 2010

Het transport van Zuid-Amerika bedroeg in de jaren 2010 US$271,4 miljard per jaar. Het aandeel in de wereld was 4,3%, en 11,7% in Amerika.

Het aandeel van het transport in de economie van Zuid-Amerika was 7,7% in de jaren 2010, en was vergelijkbaar met Malawi (7,7%), Azerbeidzjan (7,7%), Paraguay (7,7%).

Het transport per hoofd in Zuid-Amerika was $662,0 in de jaren 2010s, en was vergelijkbaar met de Dominicaanse Republiek (US$659,7), Cuba (US$651,3). De waarde van het transport per hoofd in Zuid-Amerika was 23,4% lager dan het transport per hoofd van de bevolking in de wereld ($864,8), en was in 3,6 keer lager dan het transport per hoofd van de bevolking in Amerika ($864,8).

De groei van het transport in Zuid-Amerika bedroeg 2.4% in de jaren 2010, en was vergelijkbaar met Oost-Timor (2,4%), de Nederland (2,4%). De groei van het transport in Zuid-Amerika (2,4%) was minder dan de groei van het transport in de wereld (4,0%), was minder dan de groei van het transport in Amerika (4,7%).

Vergelijking met subregio's. Het transport van Zuid-Amerika was 2,3 keer groter dan in Centraal-Amerika (US$116,8 miljard) en 11,1 keer groter dan in de Caraïben (US$24,4 miljard); maar 7,0 keer minder dan in Noord-Amerika (US$1,9 biljoen). Het transport per hoofd in Zuid-Amerika was in Zuid-Amerika12,4% groter dan in de Caraïben (US$589,0); maar 8,1 keer minder dan in Noord-Amerika (US$5,4 duizend) en 4,9% minder dan in Centraal-Amerika (US$696,3). De groei van het transport in Zuid-Amerika was minder dan in Noord-Amerika (5,0%), in Centraal-Amerika (4,5%) en in de Caraïben (2,8%).

Leiders. De waarde van het transport in Zuid-Amerika in de jaren 2010 bestond uit: Brazilië (54,0%), Argentinië (11,5%), Colombia (9,3%), Chili (7,5%), Venezuela (6,0%), en andere (11,7%). Het aandeel van het transport in economie van de leiders: Colombia (8,4%), Chili (8,4%), Brazilië (7,9%), Argentinië (6,7%) en Venezuela (5,7%). Het transport per hoofd in Zuid-Amerika onder de leiders: Chili ($1.130,9), Argentinië ($729,0), Brazilië ($720,2), Venezuela ($552,4) en Colombia ($533,3). De groei van het transport onder de leiders: Chili (4,5%), Colombia (4,0%), Argentinië (2,3%), Brazilië (2,1%) en Venezuela (-8,7%).

Hoofdstuk VIII. Handel

Groothandel, detailhandel, restaurants en hotels (ISIC G-H)

De handel van Zuid-Amerika steeg van US$32,0 miljard per jaar in de jaren 1970 tot US$551,2 miljard per jaar in de jaren 2010, dat wil zeggen met US$519,2 miljard of 17,2 keer. De verandering vond plaats op US$466,4 miljard als gevolg van een 6,5-voudige stijging van de prijzen, en ook op US$23,2 miljard als gevolg van een 1,4-voudige toename van de productiviteit , evenals op US$29,6 miljard als gevolg van de toename van de bevolking. De gemiddelde jaarlijkse groei van de handel is 2,4%. De minimumwaarde van de handel bedroeg US$16,3 miljard in 1970. De maximumwaarde van de handel bedroeg US$623,1 miljard in 2014.

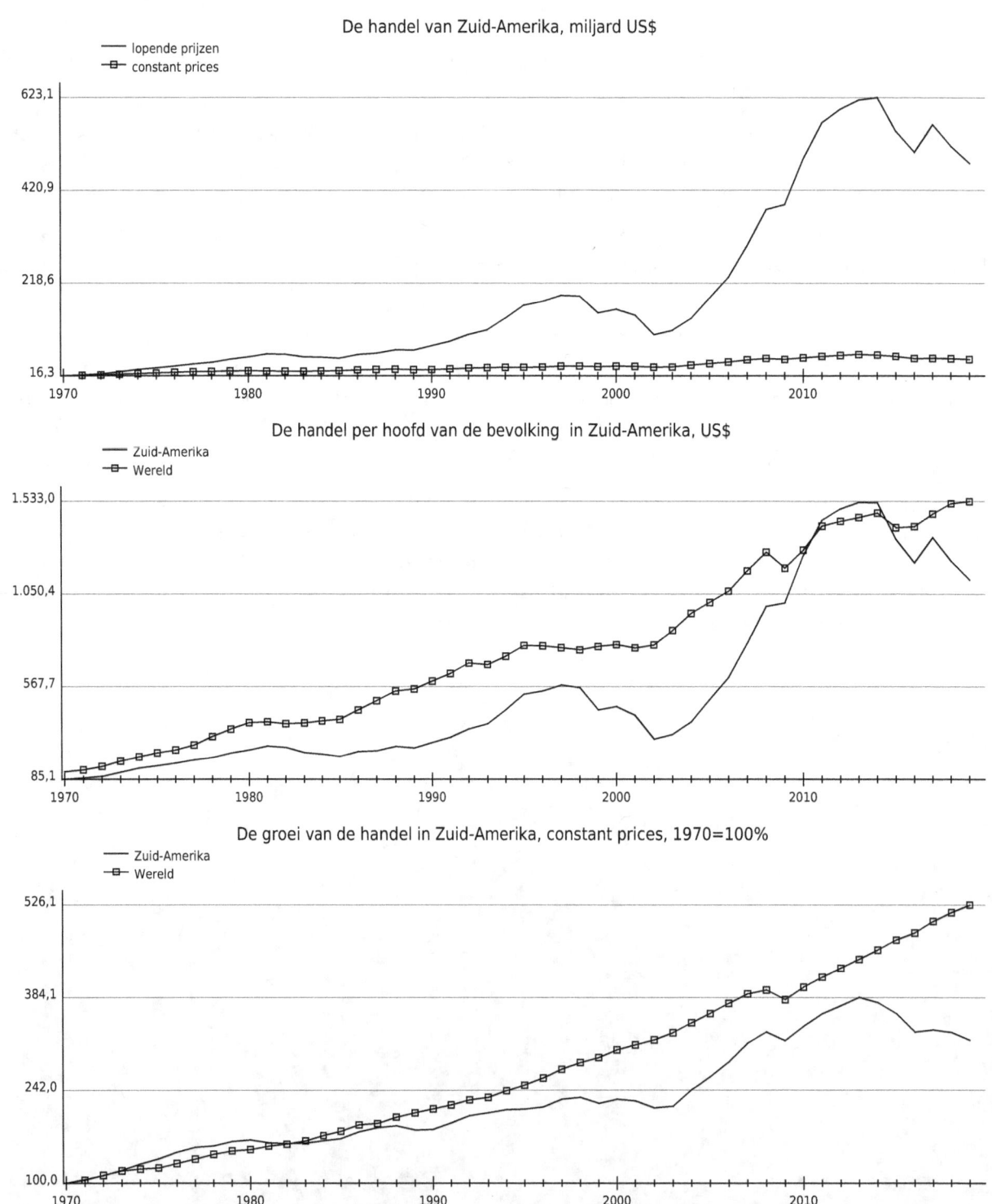

De handel van Zuid-Amerika, miljard US$

lopende prijzen
constant prices

De handel per hoofd van de bevolking in Zuid-Amerika, US$

Zuid-Amerika
Wereld

De groei van de handel in Zuid-Amerika, constant prices, 1970=100%

Zuid-Amerika
Wereld

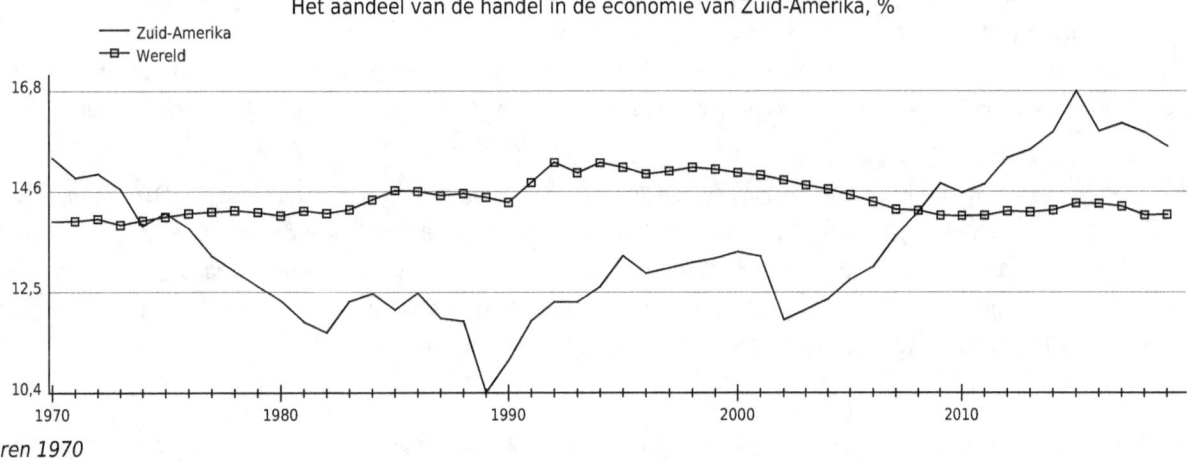

Het aandeel van de handel in de economie van Zuid-Amerika, %

de jaren 1970

De sector van de handel in Zuid-Amerika bedroeg in de jaren 1970 US$32,0 miljard per jaar, en was vergelijkbaar met Italië (US$31,7 miljard), het Verenigd Koninkrijk (US$32,7 miljard). Het aandeel in de wereld was 3,6%, en 8,7% in Amerika.

Het aandeel van de handel in de economie van Zuid-Amerika was 13,7% in de jaren 1970, en was vergelijkbaar met Egypte (13,7%), Duitsland (13,7%), Frankrijk (13,8%).

De waarde van de handel per hoofd in Zuid-Amerika was $150,3 in de jaren 1970s, en was vergelijkbaar met Ivoorkust (US$150,7), Sao Tomé en Principe (US$149,1), de Marshalleilanden (US$151,7). De handel per hoofd in Zuid-Amerika was 32,0% lager dan de handel per hoofd van de bevolking in de wereld ($221,0), en was in 4,4 keer lager dan de handel per hoofd van de bevolking in Amerika ($221,0).

De groei van de handel in Zuid-Amerika bedroeg 5.6% in de jaren 1970, en was vergelijkbaar met Zuid-Azië (5,6%), Fiji (5,6%), El Salvador (5,6%). De groei van de handel in Zuid-Amerika (5,6%) was groter dan de groei van de handel in de wereld (4,5%), was groter dan de groei van de handel in Amerika (4,4%).

Vergelijking met subregio's. De waarde van de handel in Zuid-Amerika was groter dan in Centraal-Amerika (US$27,2 miljard) en in de Caraïben (US$7,5 miljard); maar minder dan in Noord-Amerika (US$299,9 miljard). De sector van de handel per hoofd in Zuid-Amerika was in Zuid-Amerika minder dan in Noord-Amerika (US$1.243,5), in Centraal-Amerika (US$343,7) en in de Caraïben (US$281,9). De groei van de handel in Zuid-Amerika was groter dan in de Caraïben (4,0%) en in Noord-Amerika (4,0%); maar minder dan in Centraal-Amerika (6,1%).

Leiders. De waarde van de handel in Zuid-Amerika in de jaren 1970 bestond uit: Brazilië (40,7%), Argentinië (25,5%), Colombia (8,1%), Venezuela (7,8%), Chili (5,6%), en andere (12,2%). Het aandeel van de handel in economie van de leiders: Argentinië (17,6%), Chili (14,0%), Brazilië (13,4%), Colombia (13,0%) en Venezuela (8,0%). De handel per hoofd in Zuid-Amerika onder de leiders: Argentinië ($318,8), Venezuela ($191,9), Chili ($171,4), Brazilië ($122,9) en Colombia ($108,7). De groei van de handel onder de leiders: Brazilië (9,4%), Colombia (6,1%), Venezuela (4,7%), Argentinië (2,6%) en Chili (2,4%).

de jaren 1980

De waarde van de handel in Zuid-Amerika bedroeg in de jaren 1980 US$62,6 miljard per jaar. Het aandeel in de wereld was 3,0%, en 7,4% in Amerika.

Het aandeel van de handel in de economie van Zuid-Amerika was 11,9% in de jaren 1980, en was vergelijkbaar met Zuidwest-Azië (11,9%), West-Afrika (11,9%), IJsland (11,9%).

De waarde van de handel per hoofd in Zuid-Amerika was $236,0 in de jaren 1980s, en was vergelijkbaar met Jordanië (US$234,6), Colombia (US$233,4), Papoea-Nieuw-Guinea (US$241,1). De waarde van de handel per hoofd in Zuid-Amerika was 46,1% lager dan de handel per hoofd van de bevolking in de wereld ($437,7), en was in 5,4 keer lager dan de handel per hoofd van de bevolking in Amerika ($437,7).

De groei van de handel in Zuid-Amerika bedroeg 1% in de jaren 1980. De groei van de handel in Zuid-Amerika (1,0%) was minder dan de groei van de handel in de wereld (3,3%), was minder dan de groei van de handel in Amerika (3,5%).

Vergelijking met subregio's. De waarde van de handel in Zuid-Amerika was groter dan in Centraal-Amerika (US$58,1 miljard) en in de Caraïben (US$15,5 miljard); maar minder dan in Noord-Amerika (US$703,6 miljard). De sector van de handel per hoofd in Zuid-Amerika was in Zuid-Amerika minder dan in Noord-Amerika (US$2,7 duizend), in Centraal-Amerika (US$574,5) en in de Caraïben (US$503,5). De groei van de handel in Zuid-Amerika was minder dan in Noord-Amerika (4,3%), in de Caraïben (2,8%) en in Centraal-Amerika (1,1%).

Leiders. De sector van de handel in Zuid-Amerika in de jaren 1980 bestond uit: Brazilië (32,4%), Argentinië (27,4%), Colombia (11,1%), Venezuela (9,2%), Peru (7,7%), en andere (12,2%). Het aandeel van de handel in economie van de leiders: Peru (20,8%), Argentinië (18,7%), Colombia (13,8%), Venezuela (9,1%) en Brazilië (8,5%). De sector van de handel per hoofd in Zuid-Amerika onder de leiders: Argentinië ($571,3), Venezuela ($336,2), Peru ($245,8), Colombia ($233,4) en Brazilië ($151,8). De groei van de handel onder de leiders: Brazilië (3,7%), Colombia (2,4%), Peru (0,83%), Argentinië (-1,5%) en Venezuela (-2,0%).

de jaren 1990

De waarde van de handel in Zuid-Amerika bedroeg in de jaren 1990 US$142,2 miljard per jaar. Het aandeel in de wereld was 3,5%, en 9,5% in Amerika.

Het aandeel van de handel in de economie van Zuid-Amerika was 12,7% in de jaren 1990, en was vergelijkbaar met Nieuw-Zeeland (12,7%).

De handel per hoofd in Zuid-Amerika was $445,4 in de jaren 1990s, en was vergelijkbaar met Zuid-Afrika (US$454,0), Dominica (US$454,0). De sector van de handel per hoofd in Zuid-Amerika was 38,3% lager dan de handel per hoofd van de bevolking in de wereld ($721,8), en was in 4,4 keer lager dan de handel per hoofd van de bevolking in Amerika ($721,8).

De groei van de handel in Zuid-Amerika bedroeg 2.1% in de jaren 1990. De groei van de handel in Zuid-Amerika (2,1%) was minder dan de groei van de handel in de wereld (3,5%), was minder dan de groei van de handel in Amerika (3,8%).

Vergelijking met subregio's. De toegevoegde waarde van de handel in Zuid-Amerika was groter dan in Centraal-Amerika (US$95,9 miljard) en in de Caraïben (US$21,2 miljard); maar minder dan in Noord-Amerika (US$1,2 biljoen). De toegevoegde waarde van de handel per hoofd in Zuid-Amerika was in Zuid-Amerika minder dan in Noord-Amerika (US$4,2 duizend), in Centraal-Amerika (US$777,6) en in de Caraïben (US$607,0). De groei van de handel in Zuid-Amerika was groter dan in de Caraïben (1,3%); maar minder dan in Noord-Amerika (4,2%) en in Centraal-Amerika (4,0%).

Leiders. De waarde van de handel in Zuid-Amerika in de jaren 1990 bestond uit: Brazilië (36,9%), Argentinië (32,3%), Colombia (9,0%), Peru (6,1%), Venezuela (5,1%), en andere (10,6%). Het aandeel van de handel in economie van de leiders: Peru (21,0%), Argentinië (19,4%), Colombia (14,7%), Venezuela (10,9%) en Brazilië (9,1%). De waarde van de handel per hoofd in Zuid-Amerika onder de leiders: Argentinië ($1.327,1), Peru ($359,4), Colombia ($355,4), Venezuela ($336,0) en Brazilië ($326,8). De groei van de handel onder de leiders: Argentinië (4,5%), Peru (3,0%), Brazilië (1,8%), Colombia (0,062%) en Venezuela (-0,044%).

de jaren 2000

De toegevoegde waarde van de handel in Zuid-Amerika bedroeg in de jaren 2000 US$215,9 miljard per jaar. Het aandeel in de wereld was 3,4%, en 8,9% in Amerika.

Het aandeel van de handel in de economie van Zuid-Amerika was 13,5% in de jaren 2000, en was vergelijkbaar met West-Europa (13,5%), Namibië (13,5%), Bulgarije (13,6%).

De toegevoegde waarde van de handel per hoofd in Zuid-Amerika was $585,4 in de jaren 2000s, en was vergelijkbaar met Zuid-Afrika (US$586,4), Botswana (US$588,5), Brazilië (US$579,6). De waarde van de handel per hoofd in Zuid-Amerika was 40,9% lager dan de handel per hoofd van de bevolking in de wereld ($990,3), en was in 4,7 keer lager dan de handel per hoofd van de bevolking in Amerika ($990,3).

De groei van de handel in Zuid-Amerika bedroeg 3.7% in de jaren 2000, en was vergelijkbaar met Vanuatu (3,6%), Niger (3,7%). De groei van de handel in Zuid-Amerika (3,7%) was groter dan de groei van de handel in de wereld (2,7%), was groter dan de groei van de handel in Amerika (1,6%).

Vergelijking met subregio's. De waarde van de handel in Zuid-Amerika was groter dan in Centraal-Amerika (US$174,8 miljard) en in de Caraïben (US$36,7 miljard); maar minder dan in Noord-Amerika (US$2,0 biljoen). De handel per hoofd in Zuid-Amerika was in Zuid-Amerika minder dan in Noord-Amerika (US$6,2 duizend), in Centraal-Amerika (US$1.205,2) en in de Caraïben (US$950,2). De groei van de handel in Zuid-Amerika was groter dan in de Caraïben (2,8%), in Centraal-Amerika (1,5%) en in Noord-Amerika (1,2%).

Leiders. De sector van de handel in Zuid-Amerika in de jaren 2000 bestond uit: Brazilië (49,6%), Argentinië (16,6%), Venezuela (9,9%), Colombia (8,1%), Peru (5,3%), en andere (10,5%). Het aandeel van de handel in economie van de leiders: Argentinië (17,1%), Peru (15,8%), Brazilië (12,9%), Venezuela (12,9%) en Colombia (12,9%). De sector van de handel per hoofd in Zuid-Amerika onder de leiders: Argentinië ($925,8), Venezuela ($814,8), Brazilië ($579,6), Peru ($414,3) en Colombia ($413,9). De groei van de handel onder de leiders: Venezuela (5,7%), Colombia (5,2%), Brazilië (3,3%), Peru (3,3%) en Argentinië (2,2%).

de jaren 2010

De toegevoegde waarde van de handel in Zuid-Amerika bedroeg in de jaren 2010 US$551,2 miljard per jaar, en was vergelijkbaar met Noord-Europa (US$539,6 miljard). Het aandeel in de wereld was 5,2%, en 14,9% in Amerika.

Het aandeel van de handel in de economie van Zuid-Amerika was 15,6% in de jaren 2010, en was vergelijkbaar met Malta (15,6%), Senegal (15,6%), de Marshalleilanden (15,7%).

De toegevoegde waarde van de handel per hoofd in Zuid-Amerika was $1.344,6 in de jaren 2010s, en was vergelijkbaar met Samoa (US$1.339,1), Libanon (US$1.333,6), Costa Rica (US$1.324,9). De sector van de handel per hoofd in Zuid-Amerika was 6,4% lager dan de handel per hoofd van de bevolking in de wereld ($1.436,8), en was in 2,8 keer lager dan de handel per hoofd van de bevolking in Amerika ($1.436,8).

De groei van de handel in Zuid-Amerika bedroeg 0% in de jaren 2010. De groei van de handel in Zuid-Amerika (0,019%) was minder dan de groei van de handel in de wereld (3,3%), was minder dan de groei van de handel in Amerika (2,1%).

Vergelijking met subregio's. De handel van Zuid-Amerika was 98,1% groter dan in Centraal-Amerika (US$278,2 miljard) en 9,1 keer groter dan in de Caraïben (US$60,3 miljard); maar 5,1 keer minder dan in Noord-Amerika (US$2,8 biljoen). De sector van de handel per hoofd in Zuid-Amerika was in Zuid-Amerika5,9 keer minder dan in Noord-Amerika (US$7,9 duizend), 18,9% minder dan in Centraal-Amerika (US$1.658,8) en 7,6% minder dan in de Caraïben (US$1.454,7). De groei van de handel in Zuid-Amerika was minder dan in Centraal-Amerika (4,1%), in de Caraïben (2,5%) en in Noord-Amerika (2,3%).

Leiders. De sector van de handel in Zuid-Amerika in de jaren 2010 bestond uit: Brazilië (52,1%), Argentinië (14,9%), Venezuela (10,5%), Colombia (7,0%), Chili (5,3%), en andere (10,3%). Het aandeel van de handel in economie van de leiders: Venezuela (20,2%), Argentinië (17,6%), Brazilië (15,5%), Colombia (12,9%) en Chili (12,1%). De sector van de handel per hoofd in Zuid-Amerika onder de leiders: Venezuela ($1.968,1), Argentinië ($1.913,5), Chili ($1.619,1), Brazilië ($1.411,1) en Colombia ($812,9). De groei van de handel onder de leiders: Chili (5,4%), Colombia (4,2%), Brazilië (0,98%), Argentinië (0,62%) en Venezuela (-12,1%).

Hoofdstuk IX. Diensten

(ISIC J-P)

De waarde van de diensten in Zuid-Amerika steeg van US$69,7 miljard per jaar in de jaren 1970 tot US$1,5 biljoen per jaar in de jaren 2010, dat wil zeggen met US$1,4 biljoen of 21,4 keer. De verandering vond plaats op US$1,2 biljoen als gevolg van een 6,2-voudige stijging van de prijzen, en ook op US$107,3 miljard als gevolg van een 1,8-voudige toename van de productiviteit , evenals op US$64,4 miljard als gevolg van de toename van de bevolking. De gemiddelde jaarlijkse groei van de diensten is 3,3%. De minimumwaarde van de diensten bedroeg US$31,4 miljard in 1970. De maximumwaarde van de diensten bedroeg US$1,7 biljoen in 2014.

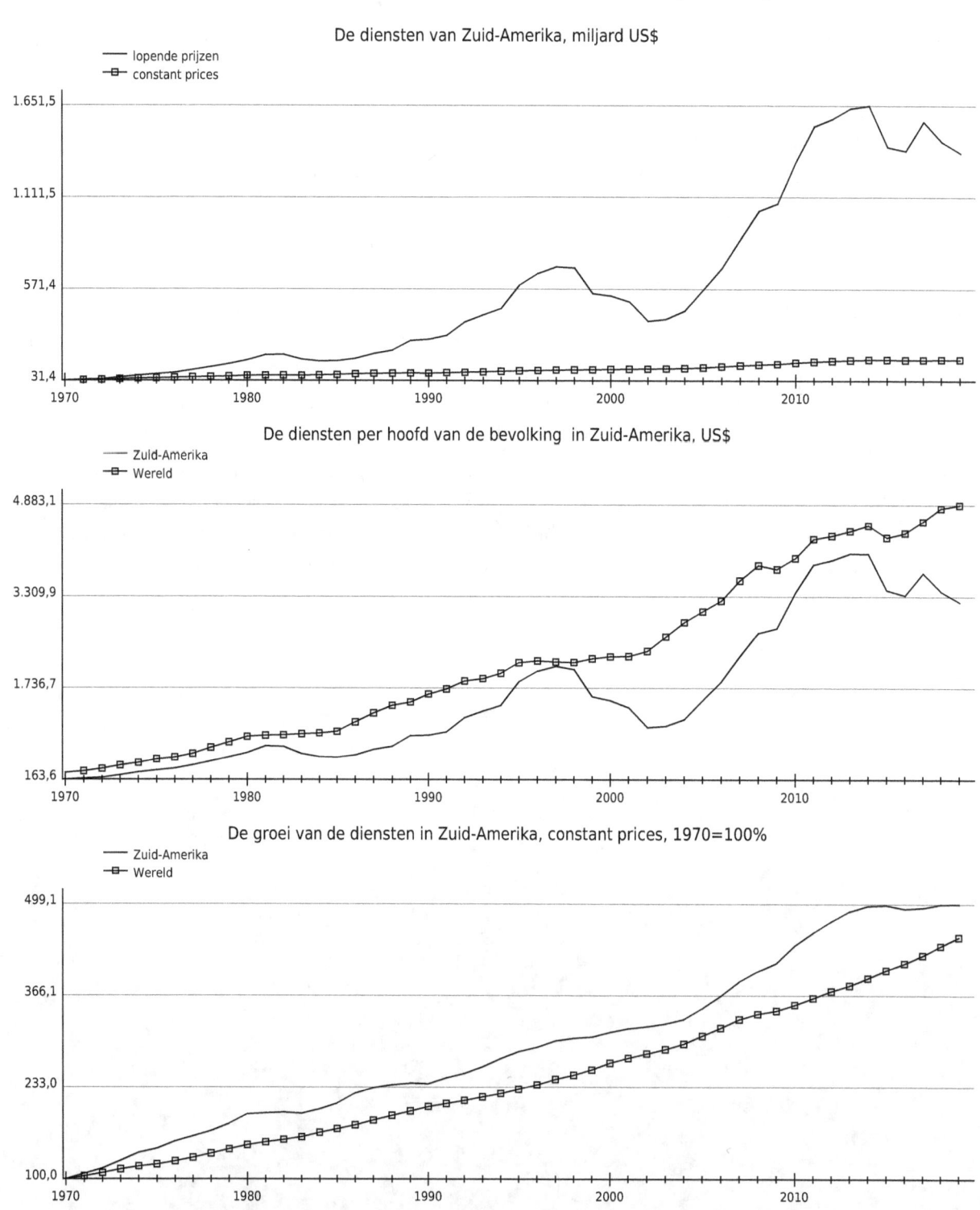

De diensten van Zuid-Amerika, miljard US$

De diensten per hoofd van de bevolking in Zuid-Amerika, US$

De groei van de diensten in Zuid-Amerika, constant prices, 1970=100%

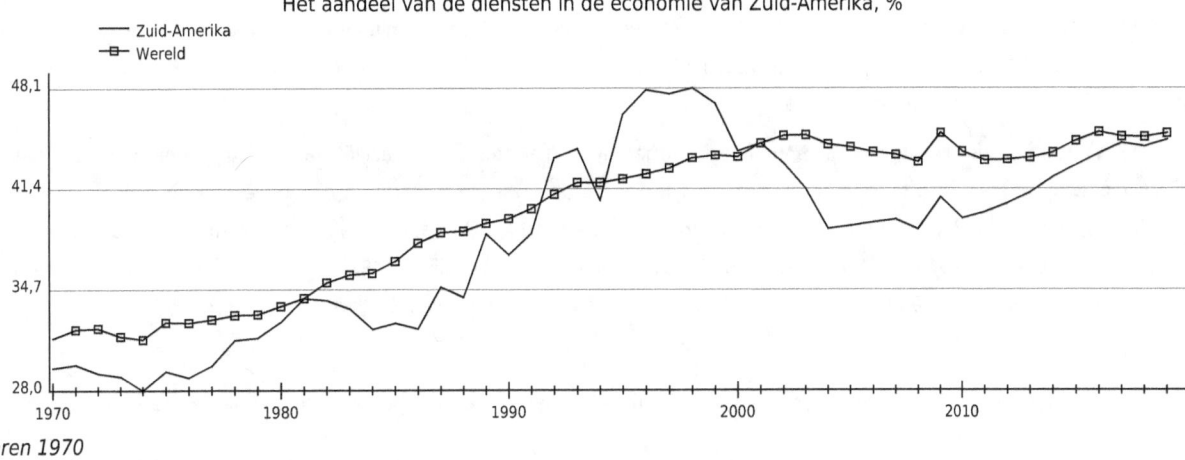

Het aandeel van de diensten in de economie van Zuid-Amerika, %

— Zuid-Amerika
—□— Wereld

de jaren 1970

De diensten van Zuid-Amerika bedroegen in de jaren 1970 US$69,7 miljard per jaar. Het aandeel in de wereld was 3,4%, en 8,3% in Amerika.

Het aandeel van de diensten in de economie van Zuid-Amerika was 29,8% in de jaren 1970, en was vergelijkbaar met Finland (29,7%), Djibouti (29,7%), Mauritanië (29,6%).

De sector van de diensten per hoofd in Zuid-Amerika was $327,0 in de jaren 1970s, en was vergelijkbaar met de Marshalleilanden (US$324,8), Namibië (US$323,7). De diensten per hoofd in Zuid-Amerika waren 35,5% lager dan de diensten per hoofd van de bevolking in de wereld ($506,9), en waren in 4,6 keer lager dan de diensten per hoofd van de bevolking in Amerika ($506,9).

De groei van de diensten in Zuid-Amerika bedroeg 6.7% in de jaren 1970, en was vergelijkbaar met Paraguay (6,7%), Burkina Faso (6,7%), Pakistan (6,7%). De groei van de diensten in Zuid-Amerika (6,7%) was groter dan de groei van de diensten in de wereld (4,1%), was groter dan de groei van de diensten in Amerika (3,7%).

Vergelijking met subregio's. De diensten van Zuid-Amerika waren groter dan in Centraal-Amerika (US$29,3 miljard) en in de Caraïben (US$10,5 miljard); maar minder dan in Noord-Amerika (US$731,9 miljard). De toegevoegde waarde van de diensten per hoofd in Zuid-Amerika was in Zuid-Amerika minder dan in Noord-Amerika (US$3,0 duizend), in de Caraïben (US$395,0) en in Centraal-Amerika (US$370,1). De groei van de diensten in Zuid-Amerika was groter dan in Centraal-Amerika (5,5%), in de Caraïben (4,9%) en in Noord-Amerika (3,3%).

Leiders. De diensten van Zuid-Amerika in de jaren 1970 bestonden uit: Brazilië (44,3%), Argentinië (17,8%), Venezuela (11,8%), Colombia (10,3%), Chili (6,4%), en andere (9,3%). Het aandeel van de diensten in economie van de leiders: Colombia (36,3%), Chili (34,6%), Brazilië (31,7%), Argentinië (26,7%) en Venezuela (26,2%). De waarde van de diensten per hoofd in Zuid-Amerika onder de leiders: Venezuela ($631,6), Argentinië ($482,7), Chili ($423,1), Colombia ($302,2) en Brazilië ($290,9). De groei van de diensten onder de leiders: Brazilië (9,4%), Venezuela (8,3%), Colombia (5,9%), Chili (3,2%) en Argentinië (3,0%).

de jaren 1980

De toegevoegde waarde van de diensten in Zuid-Amerika bedroeg in de jaren 1980 US$179,0 miljard per jaar. Het aandeel in de wereld was 3,3%, en 7,8% in Amerika.

Het aandeel van de diensten in de economie van Zuid-Amerika was 34,0% in de jaren 1980, en was vergelijkbaar met Finland (34,1%), Puerto Rico (33,9%), Antigua en Barbuda (34,2%).

De diensten per hoofd in Zuid-Amerika waren $675,3 in de jaren 1980s, en waren vergelijkbaar met Mexico (US$669,3), Jordanië (US$684,1), de Marshalleilanden (US$662,8). De diensten per hoofd in Zuid-Amerika waren 39,5% lager dan de diensten per hoofd van de bevolking in de wereld ($1.115,5), en waren in 5,1 keer lager dan de diensten per hoofd van de bevolking in Amerika ($1.115,5).

De groei van de diensten in Zuid-Amerika bedroeg 2.9% in de jaren 1980, en was vergelijkbaar met Noorwegen (2,9%), Montserrat (2,9%), de FS van Micronesië (2,9%). De groei van de diensten in Zuid-Amerika (2,9%) was minder dan de groei van de diensten in de wereld (3,3%), was groter dan de groei van de diensten in Amerika (2,8%).

Vergelijking met subregio's. De waarde van de diensten in Zuid-Amerika was groter dan in Centraal-Amerika (US$59,8 miljard) en in de Caraïben (US$23,8 miljard); maar minder dan in Noord-Amerika (US$2,0 biljoen). De sector van de diensten per hoofd in Zuid-Amerika was in Zuid-Amerika groter dan in Centraal-Amerika (US$591,5); maar minder dan in Noord-Amerika (US$7,6 duizend) en in de Caraïben (US$773,8). De groei van de diensten in Zuid-Amerika was groter dan in Noord-Amerika (2,8%); maar minder dan in de Caraïben (4,2%) en in Centraal-Amerika (2,9%).

Leiders. De waarde van de diensten in Zuid-Amerika in de jaren 1980 bestond uit: Brazilië (48,5%), Argentinië (17,1%), Venezuela (10,1%), Colombia (10,0%), Chili (5,2%), en andere (9,0%). Het aandeel van de diensten in economie van de leiders: Chili (38,4%), Brazilië (36,4%), Colombia (35,9%), Argentinië (33,4%) en Venezuela (28,7%). De waarde van de diensten per hoofd in Zuid-Amerika onder de leiders: Venezuela ($1.057,4), Argentinië ($1.020,8), Chili ($766,6), Brazilië ($649,3) en Colombia ($605,6). De groei van de diensten onder de leiders: Brazilië (3,7%), Colombia (3,5%), Chili (2,8%), Venezuela (1,9%) en Argentinië (0,88%).

de jaren 1990

De waarde van de diensten in Zuid-Amerika bedroeg in de jaren 1990 US$501,8 miljard per jaar. Het aandeel in de wereld was 4,4%, en 10,5% in Amerika.

Het aandeel van de diensten in de economie van Zuid-Amerika was 44,9% in de jaren 1990, en was vergelijkbaar met Micronesië (45,0%), Oceanië (45,1%), Australazië (45,3%).

De toegevoegde waarde van de diensten per hoofd in Zuid-Amerika was $1.571,0 in de jaren 1990s. De waarde van de diensten per hoofd in Zuid-Amerika was 22,0% lager dan de diensten per hoofd van de bevolking in de wereld ($2.014,6), en was in 3,9 keer lager dan de diensten per hoofd van de bevolking in Amerika ($2.014,6).

De groei van de diensten in Zuid-Amerika bedroeg 2.5% in de jaren 1990, en was vergelijkbaar met Bahrein (2,5%), Oost-Afrika (2,5%). De groei van de diensten in Zuid-Amerika (2,5%) was minder dan de groei van de diensten in de wereld (2,7%), was groter dan de groei van de diensten in Amerika (2,4%).

Vergelijking met subregio's. De sector van de diensten in Zuid-Amerika was groter dan in Centraal-Amerika (US$155,0 miljard) en in de Caraïben (US$40,4 miljard); maar minder dan in Noord-Amerika (US$4,1 biljoen). De toegevoegde waarde van de diensten per hoofd in Zuid-Amerika was in Zuid-Amerika groter dan in Centraal-Amerika (US$1.256,5) en in de Caraïben (US$1.152,6); maar minder dan in Noord-Amerika (US$13,8 duizend). De groei van de diensten in Zuid-Amerika was groter dan in Noord-Amerika (2,3%); maar minder dan in Centraal-Amerika (3,2%) en in de Caraïben (3,1%).

Leiders. De sector van de diensten in Zuid-Amerika in de jaren 1990 bestond uit: Brazilië (59,8%), Argentinië (19,8%), Colombia (6,7%), Venezuela (3,9%), Chili (3,8%), en andere (6,0%). Het aandeel van de diensten in economie van de leiders: Brazilië (52,1%), Argentinië (42,2%), Colombia (38,3%), Chili (34,3%) en Venezuela (28,9%). De toegevoegde waarde van de diensten per hoofd in Zuid-Amerika onder de leiders: Argentinië ($2.876,8), Brazilië ($1.867,2), Chili ($1.345,7), Colombia ($926,6) en Venezuela ($891,8). De groei van de diensten onder de leiders: Colombia (5,1%), Chili (4,6%), Argentinië (4,1%), Brazilië (1,8%) en Venezuela (1,1%).

de jaren 2000

De waarde van de diensten in Zuid-Amerika bedroeg in de jaren 2000 US$647,3 miljard per jaar. Het aandeel in de wereld was 3,3%, en 7,8% in Amerika.

Het aandeel van de diensten in de economie van Zuid-Amerika was 40,4% in de jaren 2000, en was vergelijkbaar met Slovenië (40,0%), Spanje (40,8%).

De waarde van de diensten per hoofd in Zuid-Amerika was $1.754,7 in de jaren 2000s, en was vergelijkbaar met Zuid-Afrika (US$1.730,4). De sector van de diensten per hoofd in Zuid-Amerika was 41,7% lager dan de diensten per hoofd van de bevolking in de wereld ($3.011,2), en was in 5,4 keer lager dan de diensten per hoofd van de bevolking in Amerika ($3.011,2).

De groei van de diensten in Zuid-Amerika bedroeg 3% in de jaren 2000, en was vergelijkbaar met Niger (3,0%), El Salvador (3,0%), Canada (3,0%). De groei van de diensten in Zuid-Amerika (3,0%) was groter dan de groei van de diensten in de wereld (2,9%), was groter dan de groei van de diensten in Amerika (2,2%).

Vergelijking met subregio's. De sector van de diensten in Zuid-Amerika was groter dan in Centraal-Amerika (US$318,2 miljard) en in de Caraïben (US$79,0 miljard); maar minder dan in Noord-Amerika (US$7,2 biljoen). De toegevoegde waarde van de diensten per hoofd in Zuid-Amerika was in Zuid-Amerika minder dan in Noord-Amerika (US$22,1 duizend), in Centraal-Amerika (US$2,2 duizend) en in de Caraïben (US$2,0 duizend). De groei van de diensten in Zuid-Amerika was groter dan in Centraal-Amerika (2,7%) en in

Noord-Amerika (2,1%); maar minder dan in de Caraïben (3,3%).

Leiders. De diensten van Zuid-Amerika in de jaren 2000 bestonden uit: Brazilië (59,8%), Argentinië (12,2%), Colombia (7,8%), Venezuela (6,6%), Chili (6,1%), en andere (7,6%). Het aandeel van de diensten in economie van de leiders: Brazilië (46,8%), Argentinië (37,7%), Colombia (36,9%), Chili (36,1%) en Venezuela (25,9%). De diensten per hoofd in Zuid-Amerika onder de leiders: Chili ($2.455,5), Brazilië ($2.094,6), Argentinië ($2.038,0), Venezuela ($1.629,3) en Colombia ($1.187,0). De groei van de diensten onder de leiders: Venezuela (5,0%), Chili (4,9%), Colombia (3,6%), Brazilië (2,9%) en Argentinië (2,2%).

de jaren 2010

De toegevoegde waarde van de diensten in Zuid-Amerika bedroeg in de jaren 2010 US$1,5 biljoen per jaar. Het aandeel in de wereld was 4,5%, en 11,6% in Amerika.

Het aandeel van de diensten in de economie van Zuid-Amerika was 42,2% in de jaren 2010, en was vergelijkbaar met Saint Lucia (42,0%), Hongarije (42,3%), Noorwegen (42,4%).

De sector van de diensten per hoofd in Zuid-Amerika was $3.629,4 in de jaren 2010s, en was vergelijkbaar met Saint Lucia (US$3,7 duizend). De diensten per hoofd in Zuid-Amerika waren 18,8% lager dan de diensten per hoofd van de bevolking in de wereld ($4.467,8), en waren in 3,6 keer lager dan de diensten per hoofd van de bevolking in Amerika ($4.467,8).

De groei van de diensten in Zuid-Amerika bedroeg 1.9% in de jaren 2010, en was vergelijkbaar met Oost-Europa (1,9%), Uruguay (1,9%). De groei van de diensten in Zuid-Amerika (1,9%) was minder dan de groei van de diensten in de wereld (2,7%), was groter dan de groei van de diensten in Amerika (1,8%).

Vergelijking met subregio's. De sector van de diensten in Zuid-Amerika was 3,2 keer groter dan in Centraal-Amerika (US$462,8 miljard) en 12,2 keer groter dan in de Caraïben (US$121,5 miljard); maar 7,2 keer minder dan in Noord-Amerika (US$10,8 biljoen). De sector van de diensten per hoofd in Zuid-Amerika was in Zuid-Amerika23,8% groter dan in de Caraïben (US$2,9 duizend) en 31,5% groter dan in Centraal-Amerika (US$2,8 duizend); maar 8,4 keer minder dan in Noord-Amerika (US$30,3 duizend). De groei van de diensten in Zuid-Amerika was groter dan in Noord-Amerika (1,8%) en in de Caraïben (0,98%); maar minder dan in Centraal-Amerika (2,9%).

Leiders. De toegevoegde waarde van de diensten in Zuid-Amerika in de jaren 2010 bestond uit: Brazilië (59,1%), Argentinië (12,6%), Colombia (7,9%), Chili (6,7%), Venezuela (5,0%), en andere (8,7%). Het aandeel van de diensten in economie van de leiders: Brazilië (47,5%), Chili (41,5%), Argentinië (40,3%), Colombia (39,1%) en Venezuela (26,1%). De waarde van de diensten per hoofd in Zuid-Amerika onder de leiders: Chili ($5.572,0), Argentinië ($4.372,6), Brazilië ($4.318,9), Venezuela ($2.542,2) en Colombia ($2.472,5). De groei van de diensten onder de leiders: Colombia (4,3%), Chili (3,4%), Brazilië (1,8%), Argentinië (1,8%) en Venezuela (-8,0%).

Part III. Externe betrekkingen

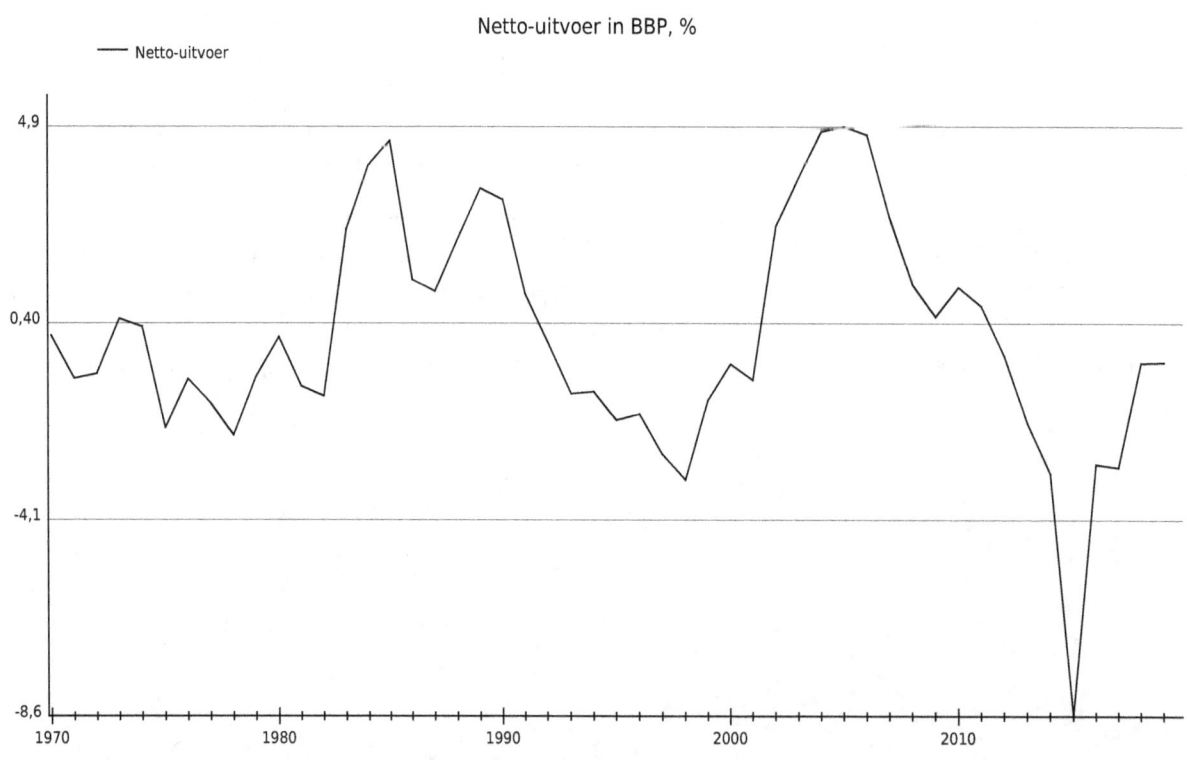

Netto-uitvoer in BBP, %

Hoofdstuk X. Uitvoer

Uitvoer van goederen en diensten

De waarde van de export in Zuid-Amerika steeg van US$29,6 miljard per jaar in de jaren 1970 tot US$648,9 miljard per jaar in de jaren 2010, dat wil zeggen met US$619,3 miljard of 21,9 keer. De verandering vond plaats op US$446,9 miljard als gevolg van een 3,2-voudige stijging van de prijzen, en ook op US$145,1 miljard als gevolg van een 3,6-voudige toename van het tarief per hoofd , evenals op US$27,3 miljard als gevolg van de toename van de bevolking. De gemiddelde jaarlijkse groei van de export is 4,9%. De minimumwaarde van de export bedroeg US$12,5 miljard in 1970. De maximumwaarde van de export bedroeg US$770,2 miljard in 2011.

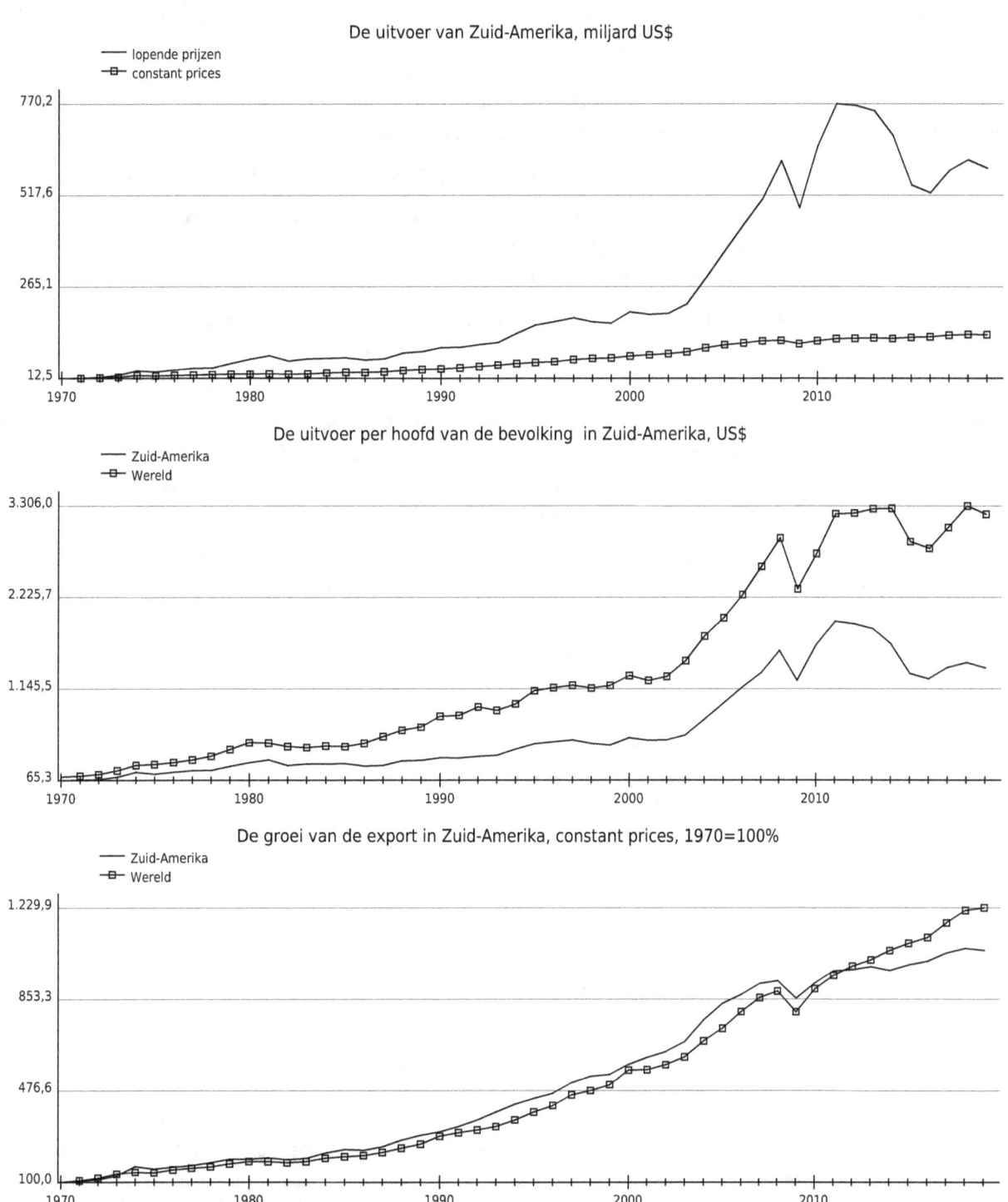

De uitvoer van Zuid-Amerika, miljard US$

De uitvoer per hoofd van de bevolking in Zuid-Amerika, US$

De groei van de export in Zuid-Amerika, constant prices, 1970=100%

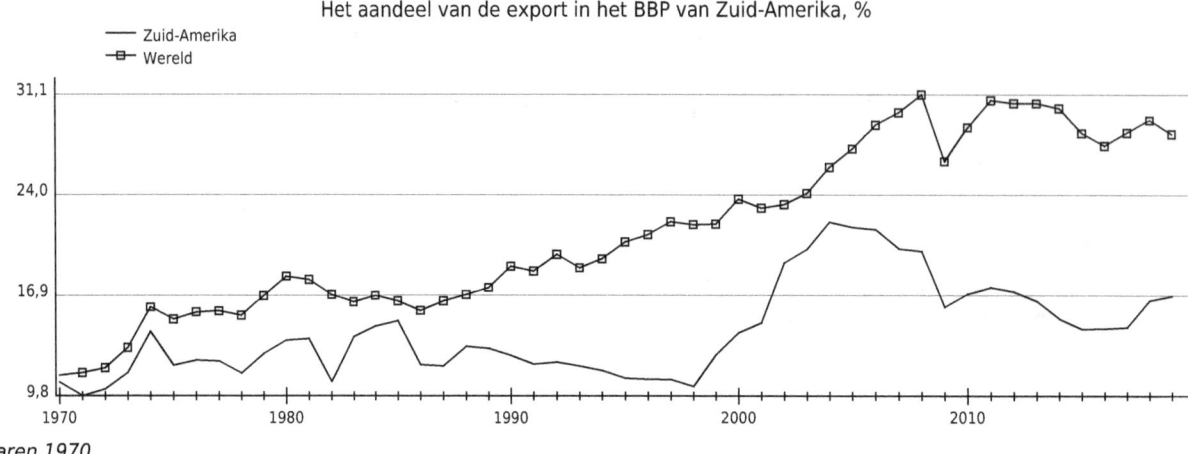

Het aandeel van de export in het BBP van Zuid-Amerika, %

de jaren 1970

De uitvoer van Zuid-Amerika bedroeg in de jaren 1970 US$29,6 miljard per jaar, en was vergelijkbaar met Zuidoost-Azië (US$29,2 miljard), België (US$30,2 miljard). Het aandeel in de wereld was 3,0%, en 13,3% in Amerika.

Het aandeel van de export in het BBP van Zuid-Amerika was 12,0% in de jaren 1970, en was vergelijkbaar met Afghanistan (12,1%).

De uitvoer per hoofd in Zuid-Amerika was $138,8 in de jaren 1970s, en was vergelijkbaar met Roemenië (US$139,2), Tonga (US$139,4), Argentinië (US$137,3). De waarde van de export per hoofd in Zuid-Amerika was 42,7% lager dan de export per hoofd van de bevolking in de wereld ($242,1), en was in 2,9 keer lager dan de export per hoofd van de bevolking in Amerika ($242,1).

De groei van de export in Zuid-Amerika bedroeg 7.7% in de jaren 1970, en was vergelijkbaar met Vanuatu (7,7%). De groei van de export in Zuid-Amerika (7,7%) was groter dan de groei van de export in de wereld (6,5%), was groter dan de groei van de export in Amerika (6,4%).

Vergelijking met subregio's. De uitvoer van Zuid-Amerika was groter dan in de Caraïben (US$13,9 miljard) en in Centraal-Amerika (US$12,3 miljard); maar minder dan in Noord-Amerika (US$166,6 miljard). De uitvoer per hoofd in Zuid-Amerika was in Zuid-Amerika minder dan in Noord-Amerika (US$690,7), in de Caraïben (US$526,2) en in Centraal-Amerika (US$155,3). De groei van de export in Zuid-Amerika was groter dan in Centraal-Amerika (7,4%), in Noord-Amerika (6,1%) en in de Caraïben (5,4%).

Leiders. De uitvoer van Zuid-Amerika in de jaren 1970 bestond uit: Venezuela (29,4%), Brazilië (24,9%), Argentinië (11,9%), Chili (8,5%), Colombia (7,3%), en andere (17,9%). Het aandeel van de export in BBP van de leiders: Venezuela (28,1%), Chili (17,7%), Colombia (10,6%), Brazilië (7,2%) en Argentinië (6,9%). De uitvoer per hoofd in Zuid-Amerika onder de leiders: Venezuela ($667,2), Chili ($240,3), Argentinië ($137,3), Colombia ($90,7) en Brazilië ($69,4). De groei van de export onder de leiders: Chili (9,8%), Venezuela (9,0%), Brazilië (8,6%), Colombia (6,4%) en Argentinië (5,9%).

de jaren 1980

De waarde van de export in Zuid-Amerika bedroeg in de jaren 1980 US$70,1 miljard per jaar, en was vergelijkbaar met België (US$68,7 miljard). Het aandeel in de wereld was 2,7%, en 11,9% in Amerika.

Het aandeel van de export in het BBP van Zuid-Amerika was 13,2% in de jaren 1980.

De waarde van de export per hoofd in Zuid-Amerika was $264,4 in de jaren 1980s, en was vergelijkbaar met Iran (US$263,1), Kameroen (US$269,6), Mauritanië (US$259,0). De uitvoer per hoofd in Zuid-Amerika was in 2,0 keer lager dan de export per hoofd van de bevolking in de wereld ($529,9), en was in 3,4 keer lager dan de export per hoofd van de bevolking in Amerika ($529,9).

De groei van de export in Zuid-Amerika bedroeg 4.2% in de jaren 1980, en was vergelijkbaar met de Nederland (4,2%), Paraguay (4,2%). De groei van de export in Zuid-Amerika (4,2%) was groter dan de groei van de export in de wereld (3,8%), was minder dan de groei van de export in Amerika (5,1%).

Vergelijking met subregio's. De waarde van de export in Zuid-Amerika was groter dan in Centraal-Amerika (US$43,9 miljard) en in de Caraïben (US$35,2 miljard); maar minder dan in Noord-Amerika (US$440,8 miljard). De waarde van de export per hoofd in Zuid-Amerika was in Zuid-Amerika minder dan in Noord-Amerika (US$1.661,7), in de Caraïben (US$1.144,0) en in Centraal-Amerika (US$434,1). De groei van de export in Zuid-Amerika was groter dan in de Caraïben (3,5%); maar minder dan in Noord-Amerika (5,5%)

en in Centraal-Amerika (5,4%).

Leiders. De waarde van de export in Zuid-Amerika in de jaren 1980 bestond uit: Brazilië (32,0%), Venezuela (23,4%), Argentinië (11,5%), Chili (9,0%), Colombia (7,3%), en andere (16,8%). Het aandeel van de export in BBP van de leiders: Venezuela (26,1%), Chili (24,2%), Colombia (9,9%), Brazilië (9,7%) en Argentinië (8,1%). De uitvoer per hoofd in Zuid-Amerika onder de leiders: Venezuela ($957,3), Chili ($515,5), Argentinië ($269,9), Colombia ($173,1) en Brazilië ($167,8). De groei van de export onder de leiders: Brazilië (9,8%), Chili (6,7%), Colombia (4,9%), Argentinië (2,9%) en Venezuela (-0,63%).

de jaren 1990

De uitvoer van Zuid-Amerika bedroeg in de jaren 1990 US$138,4 miljard per jaar. Het aandeel in de wereld was 2,4%, en 10,8% in Amerika.

Het aandeel van de export in het BBP van Zuid-Amerika was 11,5% in de jaren 1990.

De waarde van de export per hoofd in Zuid-Amerika was $433,3 in de jaren 1990s, en was vergelijkbaar met Noord-Macedonië (US$435,7), Algerije (US$441,0), Tonga (US$425,0). De waarde van de export per hoofd in Zuid-Amerika was in 2,4 keer lager dan de export per hoofd van de bevolking in de wereld ($1.029,5), en was in 3,8 keer lager dan de export per hoofd van de bevolking in Amerika ($1.029,5).

De groei van de export in Zuid-Amerika bedroeg 6.4% in de jaren 1990, en was vergelijkbaar met Bhutan (6,3%), Libanon (6,3%). De groei van de export in Zuid-Amerika (6,4%) was minder dan de groei van de export in de wereld (6,9%), was minder dan de groei van de export in Amerika (7,3%).

Vergelijking met subregio's. De uitvoer van Zuid-Amerika was groter dan in Centraal-Amerika (US$108,0 miljard) en in de Caraïben (US$55,3 miljard); maar minder dan in Noord-Amerika (US$980,7 miljard). De waarde van de export per hoofd in Zuid-Amerika was in Zuid-Amerika minder dan in Noord-Amerika (US$3,3 duizend), in de Caraïben (US$1.579,7) en in Centraal-Amerika (US$875,3). De groei van de export in Zuid-Amerika was groter dan in de Caraïben (3,1%); maar minder dan in Centraal-Amerika (10,9%) en in Noord-Amerika (7,4%).

Leiders. De uitvoer van Zuid-Amerika in de jaren 1990 bestond uit: Brazilië (34,9%), Argentinië (16,2%), Venezuela (14,4%), Chili (12,4%), Colombia (7,8%), en andere (14,3%). Het aandeel van de export in BBP van de leiders: Venezuela (28,8%), Chili (27,1%), Colombia (11,9%), Argentinië (8,4%) en Brazilië (7,9%). De uitvoer per hoofd in Zuid-Amerika onder de leiders: Chili ($1.201,8), Venezuela ($918,3), Argentinië ($648,4), Brazilië ($300,8) en Colombia ($300,7). De groei van de export onder de leiders: Chili (9,6%), Argentinië (8,0%), Colombia (6,6%), Brazilië (5,5%) en Venezuela (5,0%).

de jaren 2000

De uitvoer van Zuid-Amerika bedroeg in de jaren 2000 US$348,2 miljard per jaar. Het aandeel in de wereld was 2,8%, en 14,2% in Amerika.

Het aandeel van de export in het BBP van Zuid-Amerika was 19,1% in de jaren 2000, en was vergelijkbaar met India (19,2%).

De uitvoer per hoofd in Zuid-Amerika was $943,9 in de jaren 2000s. De uitvoer per hoofd in Zuid-Amerika was in 2,0 keer lager dan de export per hoofd van de bevolking in de wereld ($1.933,7), en was in 2,9 keer lager dan de export per hoofd van de bevolking in Amerika ($1.933,7).

De groei van de export in Zuid-Amerika bedroeg 4.7% in de jaren 2000, en was vergelijkbaar met Kenia (4,6%). De groei van de export in Zuid-Amerika (4,7%) was minder dan de groei van de export in de wereld (4,8%), was groter dan de groei van de export in Amerika (2,9%).

Vergelijking met subregio's. De uitvoer van Zuid-Amerika was groter dan in Centraal-Amerika (US$263,1 miljard) en in de Caraïben (US$111,9 miljard); maar minder dan in Noord-Amerika (US$1,7 biljoen). De waarde van de export per hoofd in Zuid-Amerika was in Zuid-Amerika minder dan in Noord-Amerika (US$5,3 duizend), in de Caraïben (US$2,9 duizend) en in Centraal-Amerika (US$1.813,7). De groei van de export in Zuid-Amerika was groter dan in de Caraïben (3,4%), in Centraal-Amerika (2,9%) en in Noord-Amerika (2,5%).

Leiders. De uitvoer van Zuid-Amerika in de jaren 2000 bestond uit: Brazilië (37,2%), Venezuela (14,7%), Argentinië (13,7%), Chili (13,5%), Colombia (7,2%), en andere (13,7%). Het aandeel van de export in BBP van de leiders: Chili (39,1%), Venezuela (29,6%),

Argentinië (19,5%), Colombia (16,8%) en Brazilië (13,3%). De uitvoer per hoofd in Zuid-Amerika onder de leiders: Chili ($2.912,9), Venezuela ($1.961,5), Argentinië ($1.229,8), Brazilië ($701,0) en Colombia ($591,6). De groei van de export onder de leiders: Brazilië (6,5%), Chili (4,4%), Colombia (4,1%), Argentinië (3,9%) en Venezuela (-2,3%).

de jaren 2010

De waarde van de export in Zuid-Amerika bedroeg in de jaren 2010 US$648,9 miljard per jaar, en was vergelijkbaar met Zuid-Korea (US$658,6 miljard), Zuid-Azië (US$663,8 miljard). Het aandeel in de wereld was 2,9%, en 15,9% in Amerika.

Het aandeel van de export in het BBP van Zuid-Amerika was 16,1% in de jaren 2010, en was vergelijkbaar met Amerika (16,1%), Tadzjikistan (16,2%), Rwanda (15,9%).

De uitvoer per hoofd in Zuid-Amerika was $1.582,8 in de jaren 2010s, en was vergelijkbaar met Peru (US$1.602,5), Jordanië (US$1.615,4). De uitvoer per hoofd in Zuid-Amerika was 48,9% lager dan de export per hoofd van de bevolking in de wereld ($3.098,9), en was in 2,7 keer lager dan de export per hoofd van de bevolking in Amerika ($3.098,9).

De groei van de export in Zuid-Amerika bedroeg 2.1% in de jaren 2010. De groei van de export in Zuid-Amerika (2,1%) was minder dan de groei van de export in de wereld (4,4%), was minder dan de groei van de export in Amerika (3,6%).

Vergelijking met subregio's. De uitvoer van Zuid-Amerika was 33,1% groter dan in Centraal-Amerika (US$487,6 miljard) en 4,4 keer groter dan in de Caraïben (US$147,9 miljard); maar 4,3 keer minder dan in Noord-Amerika (US$2,8 biljoen). De waarde van de export per hoofd in Zuid-Amerika was in Zuid-Amerika5,0 keer minder dan in Noord-Amerika (US$7,9 duizend), 2,3 keer minder dan in de Caraïben (US$3,6 duizend) en 45,5% minder dan in Centraal-Amerika (US$2,9 duizend). De groei van de export in Zuid-Amerika was groter dan in de Caraïben (-0,44%); maar minder dan in Centraal-Amerika (6,2%) en in Noord-Amerika (3,7%).

Leiders. De uitvoer van Zuid-Amerika in de jaren 2010 bestond uit: Brazilië (40,7%), Chili (12,8%), Argentinië (12,4%), Colombia (8,5%), Venezuela (8,0%), en andere (17,5%). Het aandeel van de export in BBP van de leiders: Chili (31,6%), Venezuela (17,1%), Colombia (16,7%), Argentinië (14,6%) en Brazilië (12,2%). De uitvoer per hoofd in Zuid-Amerika onder de leiders: Chili ($4.631,0), Argentinië ($1.884,5), Venezuela ($1.777,6), Brazilië ($1.299,0) en Colombia ($1.164,0). De groei van de export onder de leiders: Brazilië (3,1%), Colombia (3,1%), Argentinië (1,5%), Chili (1,1%) en Venezuela (-8,8%).

Hoofdstuk XI. Invoer

Invoer van goederen en diensten

De invoer van Zuid-Amerika steeg van US$32,0 miljard per jaar in de jaren 1970 tot US$721,9 miljard per jaar in de jaren 2010, dat wil zeggen met US$689,9 miljard of 22,6 keer. De verandering vond plaats op US$551,1 miljard als gevolg van een 4,2-voudige stijging van de prijzen, en ook op US$109,3 miljard als gevolg van een 2,8-voudige toename van het tarief per hoofd , evenals op US$29,5 miljard als gevolg van de toename van de bevolking. De gemiddelde jaarlijkse groei van de invoer is 3,6%. De minimumwaarde van de invoer bedroeg US$12,4 miljard in 1970. De maximumwaarde van de invoer bedroeg US$866,8 miljard in 2015.

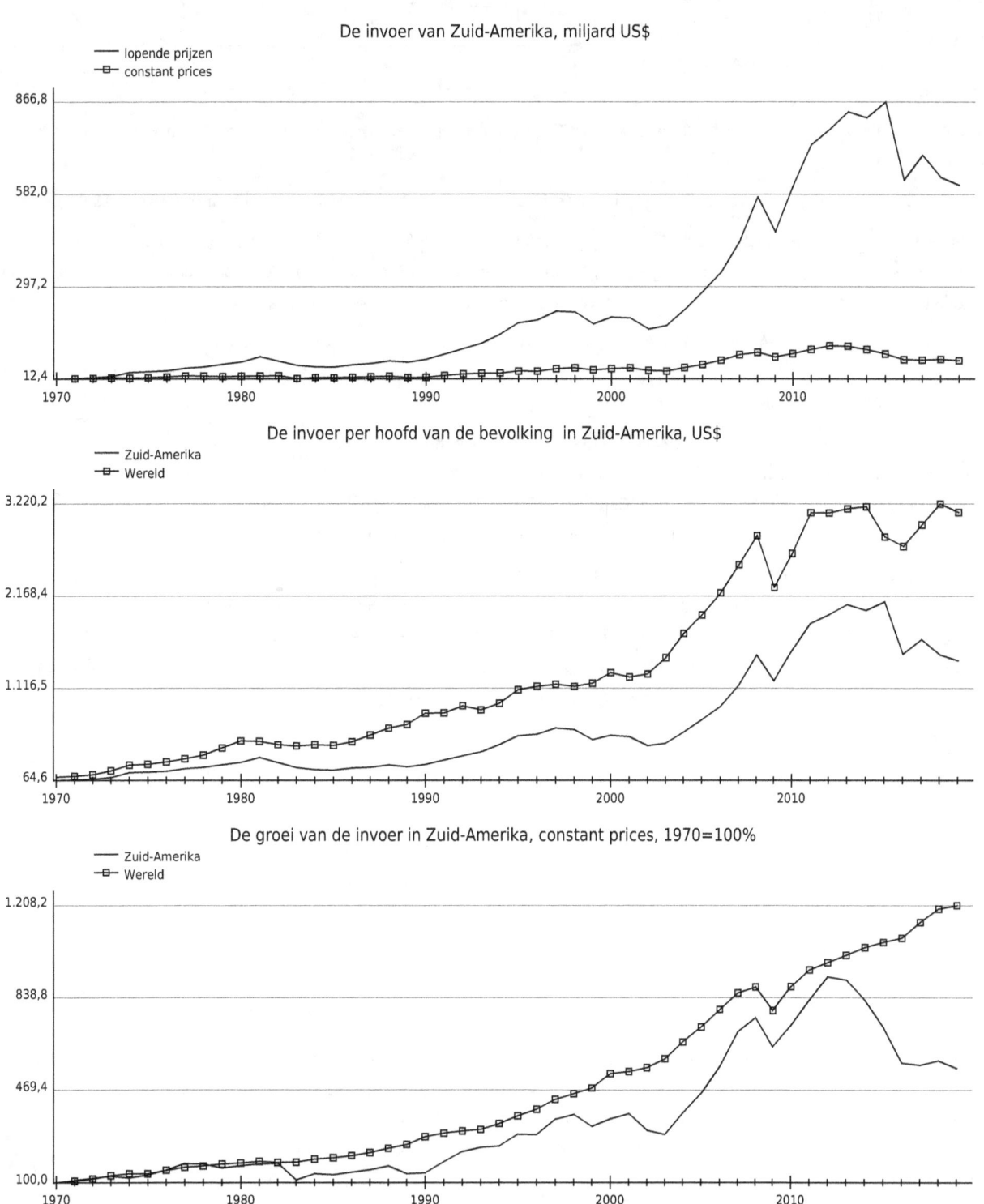

De invoer van Zuid-Amerika, miljard US$

De invoer per hoofd van de bevolking in Zuid-Amerika, US$

De groei van de invoer in Zuid-Amerika, constant prices, 1970=100%

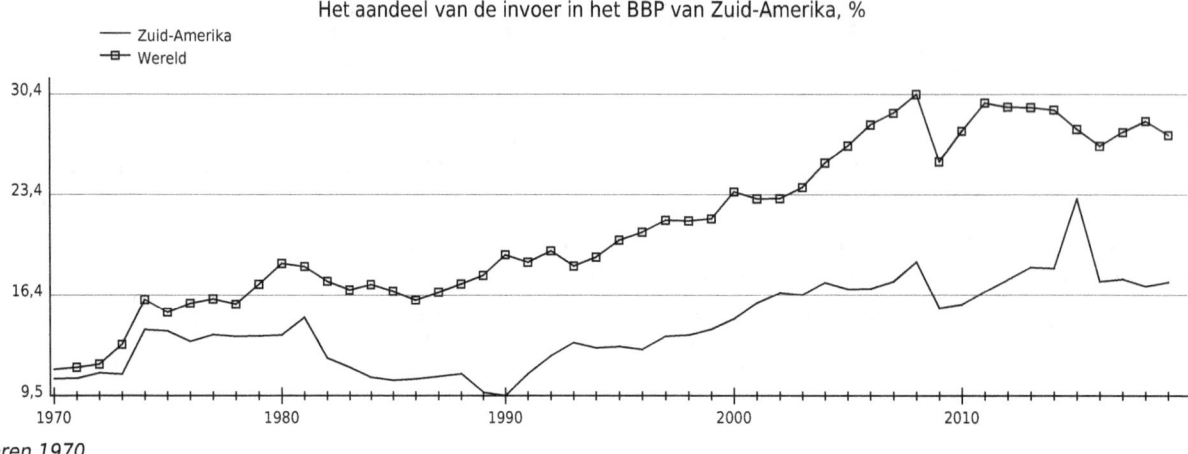

Het aandeel van de invoer in het BBP van Zuid-Amerika, %

de jaren 1970

De invoer van Zuid-Amerika bedroeg in de jaren 1970 US$32,0 miljard per jaar. Het aandeel in de wereld was 3,2%, en 13,5% in Amerika.

Het aandeel van de invoer in het BBP van Zuid-Amerika was 13,0% in de jaren 1970, en was vergelijkbaar met Nepal (13,0%).

De waarde van de invoer per hoofd in Zuid-Amerika was $150,0 in de jaren 1970s, en was vergelijkbaar met Zimbabwe (US$148,9), Lesotho (US$147,3). De waarde van de invoer per hoofd in Zuid-Amerika was 38,6% lager dan de invoer per hoofd van de bevolking in de wereld ($244,3), en was in 2,8 keer lager dan de invoer per hoofd van de bevolking in Amerika ($244,3).

De groei van de invoer in Zuid-Amerika bedroeg 5.2% in de jaren 1970, en was vergelijkbaar met Suriname (5,2%), Honduras (5,2%). De groei van de invoer in Zuid-Amerika (5,2%) was minder dan de groei van de invoer in de wereld (6,3%), was minder dan de groei van de invoer in Amerika (5,4%).

Vergelijking met subregio's. De invoer van Zuid-Amerika was groter dan in de Caraïben (US$16,8 miljard) en in Centraal-Amerika (US$15,5 miljard); maar minder dan in Noord-Amerika (US$171,8 miljard). De invoer per hoofd in Zuid-Amerika was in Zuid-Amerika minder dan in Noord-Amerika (US$712,3), in de Caraïben (US$635,7) en in Centraal-Amerika (US$195,7). De groei van de invoer in Zuid-Amerika was groter dan in de Caraïben (4,7%); maar minder dan in Centraal-Amerika (7,4%) en in Noord-Amerika (5,3%).

Leiders. De waarde van de invoer in Zuid-Amerika in de jaren 1970 bestond uit: Brazilië (29,8%), Venezuela (25,0%), Colombia (9,0%), Argentinië (8,9%), Chili (8,4%), en andere (18,8%). Het aandeel van de invoer in BBP van de leiders: Venezuela (25,7%), Chili (18,8%), Colombia (14,0%), Brazilië (9,3%) en Argentinië (5,6%). De waarde van de invoer per hoofd in Zuid-Amerika onder de leiders: Venezuela ($611,9), Chili ($256,5), Colombia ($120,2), Argentinië ($111,4) en Brazilië ($89,8). De groei van de invoer onder de leiders: Brazilië (9,1%), Argentinië (6,7%), Colombia (5,3%), Venezuela (3,8%) en Chili (3,5%).

de jaren 1980

De invoer van Zuid-Amerika bedroeg in de jaren 1980 US$61,1 miljard per jaar. Het aandeel in de wereld was 2,3%, en 9,4% in Amerika.

Het aandeel van de invoer in het BBP van Zuid-Amerika was 11,5% in de jaren 1980, en was vergelijkbaar met Turkije (11,5%).

De invoer per hoofd in Zuid-Amerika was $230,5 in de jaren 1980s, en was vergelijkbaar met Peru (US$231,1), Mongolië (US$235,6). De waarde van de invoer per hoofd in Zuid-Amerika was in 2,3 keer lager dan de invoer per hoofd van de bevolking in de wereld ($539,1), en was in 4,3 keer lager dan de invoer per hoofd van de bevolking in Amerika ($539,1).

De groei van de invoer in Zuid-Amerika bedroeg -1.5% in de jaren 1980. De groei van de invoer in Zuid-Amerika (-1,5%) was minder dan de groei van de invoer in de wereld (3,8%), was minder dan de groei van de invoer in Amerika (3,8%).

Vergelijking met subregio's. De waarde van de invoer in Zuid-Amerika was groter dan in Centraal-Amerika (US$39,2 miljard) en in de Caraïben (US$38,6 miljard); maar minder dan in Noord-Amerika (US$513,4 miljard). De waarde van de invoer per hoofd in Zuid-Amerika was in Zuid-Amerika minder dan in Noord-Amerika (US$1.935,3), in de Caraïben (US$1.255,0) en in Centraal-Amerika (US$387,4). De groei van de invoer in Zuid-Amerika was minder dan in Noord-Amerika (5,5%), in de Caraïben (2,9%) en in Centraal-Amerika (1,7%).

Leiders. De waarde van de invoer in Zuid-Amerika in de jaren 1980 bestond uit: Brazilië (26,4%), Venezuela (21,9%), Colombia (11,9%), Chili (10,2%), Argentinië (9,5%), en andere (20,2%). Het aandeel van de invoer in BBP van de leiders: Chili (23,9%), Venezuela (21,3%), Colombia (14,0%), Brazilië (7,0%) en Argentinië (5,9%). De waarde van de invoer per hoofd in Zuid-Amerika onder de leiders: Venezuela ($780,0), Chili ($508,6), Colombia ($245,1), Argentinië ($194,4) en Brazilië ($120,5). De groei van de invoer onder de leiders: Chili (2,9%), Colombia (2,2%), Brazilië (-1,1%), Venezuela (-2,3%) en Argentinië (-4,1%).

de jaren 1990

De waarde van de invoer in Zuid-Amerika bedroeg in de jaren 1990 US$153,8 miljard per jaar, en was vergelijkbaar met Hongkong (US$156,4 miljard). Het aandeel in de wereld was 2,7%, en 11,0% in Amerika.

Het aandeel van de invoer in het BBP van Zuid-Amerika was 12,8% in de jaren 1990, en was vergelijkbaar met Soedan (12,8%).

De invoer per hoofd in Zuid-Amerika was $481,6 in de jaren 1990s, en was vergelijkbaar met Honduras (US$488,0). De invoer per hoofd in Zuid-Amerika was in 2,1 keer lager dan de invoer per hoofd van de bevolking in de wereld ($1.015,5), en was in 3,8 keer lager dan de invoer per hoofd van de bevolking in Amerika ($1.015,5).

De groei van de invoer in Zuid-Amerika bedroeg 9.1% in de jaren 1990, en was vergelijkbaar met Spanje (9,1%), Guatemala (9,1%), Congo-Brazzaville (9,1%). De groei van de invoer in Zuid-Amerika (9,1%) was groter dan de groei van de invoer in de wereld (6,6%), was groter dan de groei van de invoer in Amerika (8,2%).

Vergelijking met subregio's. De invoer van Zuid-Amerika was groter dan in Centraal-Amerika (US$118,8 miljard) en in de Caraïben (US$54,0 miljard); maar minder dan in Noord-Amerika (US$1,1 biljoen). De waarde van de invoer per hoofd in Zuid-Amerika was in Zuid-Amerika minder dan in Noord-Amerika (US$3,7 duizend), in de Caraïben (US$1.542,2) en in Centraal-Amerika (US$963,1). De groei van de invoer in Zuid-Amerika was groter dan in Noord-Amerika (8,0%) en in de Caraïben (3,0%); maar minder dan in Centraal-Amerika (11,5%).

Leiders. De waarde van de invoer in Zuid-Amerika in de jaren 1990 bestond uit: Brazilië (36,4%), Argentinië (16,2%), Colombia (10,9%), Chili (10,9%), Venezuela (10,3%), en andere (15,2%). Het aandeel van de invoer in BBP van de leiders: Chili (26,6%), Venezuela (23,0%), Colombia (18,4%), Argentinië (9,4%) en Brazilië (9,2%). De invoer per hoofd in Zuid-Amerika onder de leiders: Chili ($1.180,8), Venezuela ($732,3), Argentinië ($721,5), Colombia ($466,9) en Brazilië ($348,1). De groei van de invoer onder de leiders: Argentinië (17,8%), Brazilië (10,8%), Chili (10,2%), Colombia (8,0%) en Venezuela (7,3%).

de jaren 2000

De waarde van de invoer in Zuid-Amerika bedroeg in de jaren 2000 US$307,0 miljard per jaar, en was vergelijkbaar met Zuid-Korea (US$299,8 miljard). Het aandeel in de wereld was 2,5%, en 10,4% in Amerika.

Het aandeel van de invoer in het BBP van Zuid-Amerika was 16,8% in de jaren 2000.

De invoer per hoofd in Zuid-Amerika was $832,1 in de jaren 2000s, en was vergelijkbaar met Guatemala (US$818,1), Ecuador (US$846,7), Georgië (US$815,8). De waarde van de invoer per hoofd in Zuid-Amerika was in 2,3 keer lager dan de invoer per hoofd van de bevolking in de wereld ($1.899,9), en was in 4,0 keer lager dan de invoer per hoofd van de bevolking in Amerika ($1.899,9).

De groei van de invoer in Zuid-Amerika bedroeg 7.1% in de jaren 2000, en was vergelijkbaar met Zuidoost-Azië (7,1%), Peru (7,1%), Thailand (7,2%). De groei van de invoer in Zuid-Amerika (7,1%) was groter dan de groei van de invoer in de wereld (5,1%), was groter dan de groei van de invoer in Amerika (3,5%).

Vergelijking met subregio's. De invoer van Zuid-Amerika was groter dan in Centraal-Amerika (US$289,3 miljard) en in de Caraïben (US$100,6 miljard); maar minder dan in Noord-Amerika (US$2,3 biljoen). De invoer per hoofd in Zuid-Amerika was in Zuid-Amerika minder dan in Noord-Amerika (US$6,9 duizend), in de Caraïben (US$2,6 duizend) en in Centraal-Amerika (US$1.994,5). De groei van de invoer in Zuid-Amerika was groter dan in Centraal-Amerika (3,2%), in Noord-Amerika (2,7%) en in de Caraïben (2,6%).

Leiders. De invoer van Zuid-Amerika in de jaren 2000 bestond uit: Brazilië (39,6%), Chili (12,3%), Argentinië (11,8%), Venezuela (11,7%), Colombia (9,9%), en andere (14,7%). Het aandeel van de invoer in BBP van de leiders: Chili (31,5%), Venezuela (20,7%), Colombia (20,4%), Argentinië (14,9%) en Brazilië (12,5%). De invoer per hoofd in Zuid-Amerika onder de leiders: Chili ($2.346,1), Venezuela ($1.373,0), Argentinië ($939,7), Colombia ($718,7) en Brazilië ($657,5). De groei van de invoer onder de leiders: Venezuela (9,0%), Colombia (7,8%), Chili (7,7%), Brazilië (5,8%) en Argentinië (1,7%).

de jaren 2010

De invoer van Zuid-Amerika bedroeg in de jaren 2010 US$721,9 miljard per jaar. Het aandeel in de wereld was 3,3%, en 15,2% in Amerika.

Het aandeel van de invoer in het BBP van Zuid-Amerika was 17,9% in de jaren 2010.

De invoer per hoofd in Zuid-Amerika was $1.761,0 in de jaren 2010s, en was vergelijkbaar met El Salvador (US$1.742,4), Azerbeidzjan (US$1.791,7). De invoer per hoofd in Zuid-Amerika was 41,6% lager dan de invoer per hoofd van de bevolking in de wereld ($3.015,6), en was in 2,8 keer lager dan de invoer per hoofd van de bevolking in Amerika ($3.015,6).

De groei van de invoer in Zuid-Amerika bedroeg -1.4% in de jaren 2010. De groei van de invoer in Zuid-Amerika (-1,4%) was minder dan de groei van de invoer in de wereld (4,4%), was minder dan de groei van de invoer in Amerika (3,3%).

Vergelijking met subregio's. De waarde van de invoer in Zuid-Amerika was 37,8% groter dan in Centraal-Amerika (US$523,8 miljard) en 5,5 keer groter dan in de Caraïben (US$132,0 miljard); maar 4,7 keer minder dan in Noord-Amerika (US$3,4 biljoen). De invoer per hoofd in Zuid-Amerika was in Zuid-Amerika5,4 keer minder dan in Noord-Amerika (US$9,5 duizend), 44,7% minder dan in de Caraïben (US$3,2 duizend) en 43,6% minder dan in Centraal-Amerika (US$3,1 duizend). De groei van de invoer in Zuid-Amerika was minder dan in Centraal-Amerika (5,3%), in Noord-Amerika (4,3%) en in de Caraïben (1,6%).

Leiders. De waarde van de invoer in Zuid-Amerika in de jaren 2010 bestond uit: Brazilië (39,3%), Venezuela (13,3%), Argentinië (11,1%), Chili (11,1%), Colombia (9,4%), en andere (15,6%). Het aandeel van de invoer in BBP van de leiders: Venezuela (31,6%), Chili (30,6%), Colombia (20,6%), Argentinië (14,5%) en Brazilië (13,1%). De invoer per hoofd in Zuid-Amerika onder de leiders: Chili ($4.485,9), Venezuela ($3.284,1), Argentinië ($1.878,1), Colombia ($1.431,2) en Brazilië ($1.395,6). De groei van de invoer onder de leiders: Colombia (6,6%), Chili (4,8%), Argentinië (3,6%), Brazilië (3,4%) en Venezuela (-16,8%).

Part IV. Verbruik

Hoofdstuk XII. Overheidsuitgaven

Consumptie-uitgaven van de overheid

De overheidsuitgaven van Zuid-Amerika steeg van US$29,3 miljard per jaar in de jaren 1970 tot US$691,8 miljard per jaar in de jaren 2010, dat wil zeggen met US$662,6 miljard of 23,6 keer. De verandering vond plaats op US$617,1 miljard als gevolg van een 9,3-voudige stijging van de prijzen, en ook op US$18,5 miljard als gevolg van een 1,3-voudige toename van het tarief per hoofd , evenals op US$27,0 miljard als gevolg van de toename van de bevolking. De gemiddelde jaarlijkse groei van de overheidsuitgaven is 2,6%. De minimumwaarde van de overheidsuitgaven bedroeg US$13,7 miljard in 1970. De maximumwaarde van de overheidsuitgaven bedroeg US$765,0 miljard in 2014.

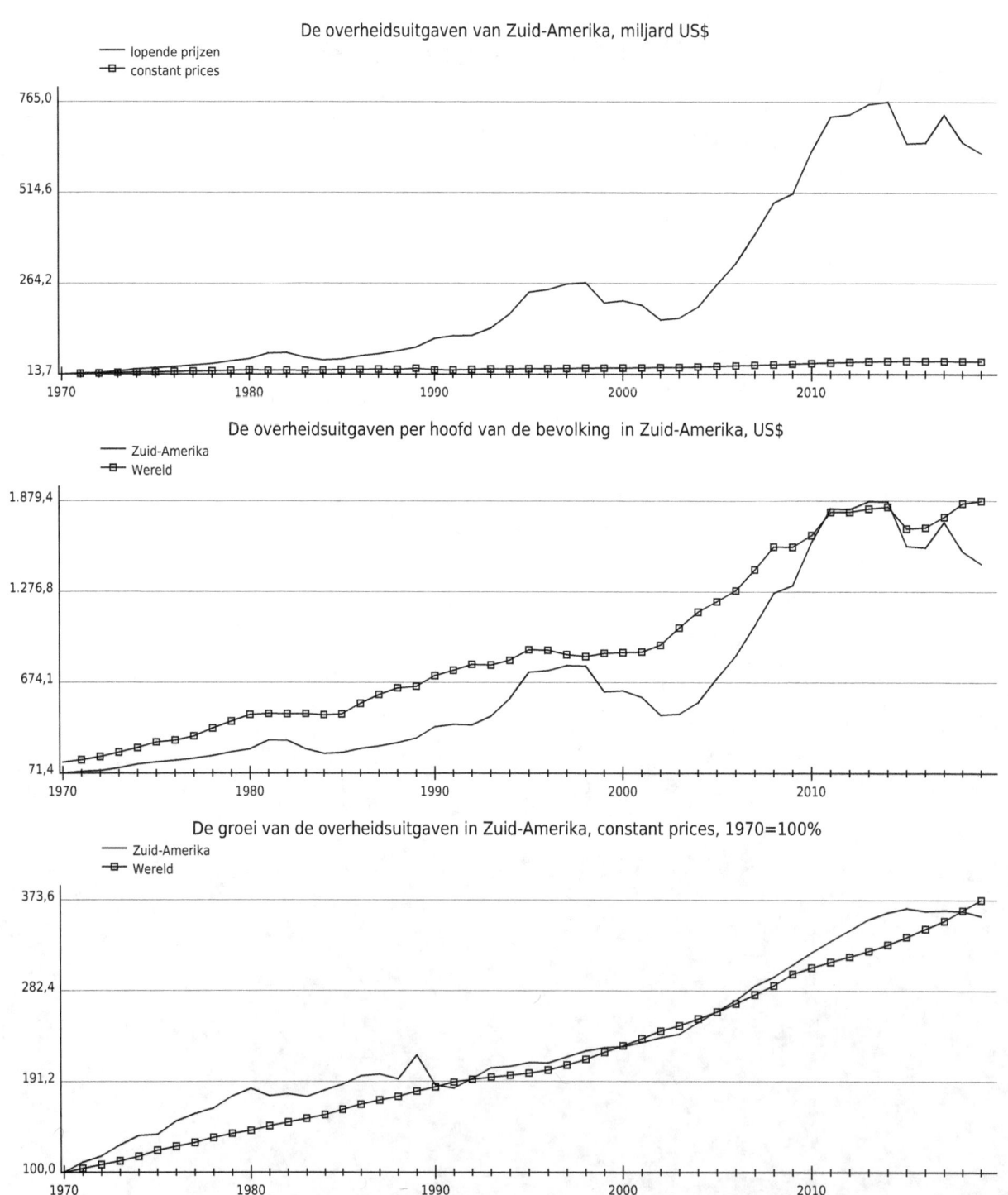

De overheidsuitgaven van Zuid-Amerika, miljard US$

De overheidsuitgaven per hoofd van de bevolking in Zuid-Amerika, US$

De groei van de overheidsuitgaven in Zuid-Amerika, constant prices, 1970=100%

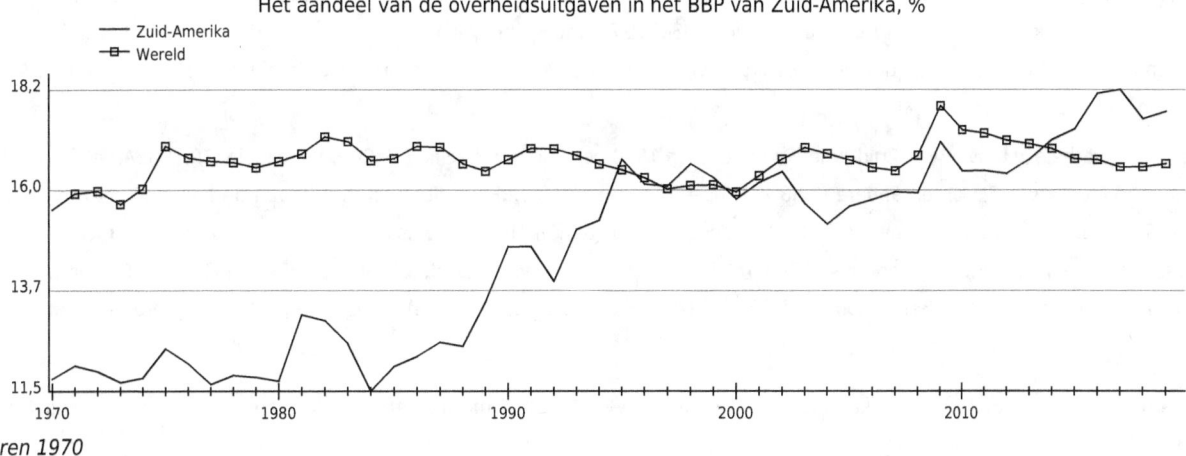

Het aandeel van de overheidsuitgaven in het BBP van Zuid-Amerika, %

de jaren 1970

De overheidsuitgaven van Zuid-Amerika bedroeg in de jaren 1970 US$29,3 miljard per jaar. Het aandeel in de wereld was 2,7%, en 8,0% in Amerika.

Het aandeel van de overheidsuitgaven in het BBP van Zuid-Amerika was 11,9% in de jaren 1970, en was vergelijkbaar met Afrika (11,9%), Zuid-Azië (11,9%), Koeweit (11,9%).

De overheidsuitgaven per hoofd in Zuid-Amerika was $137,3 in de jaren 1970s, en was vergelijkbaar met Samoa (US$135,2). De overheidsuitgaven per hoofd in Zuid-Amerika was 48,2% lager dan de overheidsuitgaven per hoofd van de bevolking in de wereld ($265,2), en was in 4,8 keer lager dan de overheidsuitgaven per hoofd van de bevolking in Amerika ($265,2).

De groei van de overheidsuitgaven in Zuid-Amerika bedroeg 6.5% in de jaren 1970, en was vergelijkbaar met de Marshalleilanden (6,5%), Colombia (6,5%), Panama (6,5%). De groei van de overheidsuitgaven in Zuid-Amerika (6,5%) was groter dan de groei van de overheidsuitgaven in de wereld (3,7%), was groter dan de groei van de overheidsuitgaven in Amerika (2,1%).

Vergelijking met subregio's. De overheidsuitgaven van Zuid-Amerika was groter dan in Centraal-Amerika (US$9,1 miljard) en in de Caraïben (US$6,7 miljard); maar minder dan in Noord-Amerika (US$321,9 miljard). De overheidsuitgaven per hoofd in Zuid-Amerika was in Zuid-Amerika groter dan in Centraal-Amerika (US$114,6); maar minder dan in Noord-Amerika (US$1.334,8) en in de Caraïben (US$252,6). De groei van de overheidsuitgaven in Zuid-Amerika was groter dan in de Caraïben (5,2%) en in Noord-Amerika (1,2%); maar minder dan in Centraal-Amerika (8,4%).

Leiders. De overheidsuitgaven van Zuid-Amerika in de jaren 1970 bestond uit: Brazilië (35,1%), Venezuela (22,1%), Argentinië (16,2%), Chili (7,8%), Peru (5,7%), en andere (13,1%). Het aandeel van de overheidsuitgaven in BBP van de leiders: Venezuela (20,8%), Peru (17,0%), Chili (16,0%), Brazilië (10,0%) en Argentinië (9,3%). De overheidsuitgaven per hoofd in Zuid-Amerika onder de leiders: Venezuela ($495,6), Chili ($218,3), Argentinië ($184,2), Peru ($109,9) en Brazilië ($96,7). De groei van de overheidsuitgaven onder de leiders: Brazilië (8,5%), Chili (4,1%), Argentinië (3,8%), Peru (3,5%) en Venezuela (3,3%).

de jaren 1980

De overheidsuitgaven van Zuid-Amerika bedroeg in de jaren 1980 US$66,7 miljard per jaar. Het aandeel in de wereld was 2,6%, en 7,8% in Amerika.

Het aandeel van de overheidsuitgaven in het BBP van Zuid-Amerika was 12,5% in de jaren 1980, en was vergelijkbaar met de Britse Maagdeneilanden (12,5%), Thailand (12,6%), Uruguay (12,6%).

De overheidsuitgaven per hoofd in Zuid-Amerika was $251,5 in de jaren 1980s. De overheidsuitgaven per hoofd in Zuid-Amerika was in 2,1 keer lager dan de overheidsuitgaven per hoofd van de bevolking in de wereld ($523,5), en was in 5,1 keer lager dan de overheidsuitgaven per hoofd van de bevolking in Amerika ($523,5).

De groei van de overheidsuitgaven in Zuid-Amerika bedroeg 2.1% in de jaren 1980, en was vergelijkbaar met Barbados (2,1%), Canada (2,1%), Melanesië (2,1%). De groei van de overheidsuitgaven in Zuid-Amerika (2,1%) was minder dan de groei van de overheidsuitgaven in de wereld (2,7%), was minder dan de groei van de overheidsuitgaven in Amerika (2,5%).

Vergelijking met subregio's. De overheidsuitgaven van Zuid-Amerika was groter dan in Centraal-Amerika (US$21,8 miljard) en in de

Caraïben (US$14,3 miljard); maar minder dan in Noord-Amerika (US$749,7 miljard). De overheidsuitgaven per hoofd in Zuid-Amerika was in Zuid-Amerika groter dan in Centraal-Amerika (US$215,8); maar minder dan in Noord-Amerika (US$2,8 duizend) en in de Caraïben (US$464,4). De groei van de overheidsuitgaven in Zuid-Amerika was minder dan in de Caraïben (3,6%), in Centraal-Amerika (3,1%) en in Noord-Amerika (2,6%).

Leiders. De overheidsuitgaven van Zuid-Amerika in de jaren 1980 bestond uit: Brazilië (38,8%), Venezuela (20,1%), Argentinië (16,5%), Colombia (6,3%), Peru (5,5%), en andere (12,8%). Het aandeel van de overheidsuitgaven in BBP van de leiders: Venezuela (21,3%), Peru (16,2%), Brazilië (11,2%), Argentinië (11,0%) en Colombia (8,0%). De overheidsuitgaven per hoofd in Zuid-Amerika onder de leiders: Venezuela ($782,0), Argentinië ($366,5), Brazilië ($193,5), Peru ($188,2) en Colombia ($140,9). De groei van de overheidsuitgaven onder de leiders: Colombia (5,1%), Brazilië (3,2%), Venezuela (2,1%), Argentinië (-0,17%) en Peru (-0,73%).

de jaren 1990

De overheidsuitgaven van Zuid-Amerika bedroeg in de jaren 1990 US$189,4 miljard per jaar. Het aandeel in de wereld was 4,0%, en 12,4% in Amerika.

Het aandeel van de overheidsuitgaven in het BBP van Zuid-Amerika was 15,7% in de jaren 1990, en was vergelijkbaar met Mongolië (15,7%), Luxemburg (15,8%), Grenada (15,9%).

De overheidsuitgaven per hoofd in Zuid-Amerika was $593,0 in de jaren 1990s, en was vergelijkbaar met Oost-Azië (US$587,9). De overheidsuitgaven per hoofd in Zuid-Amerika was 28,1% lager dan de overheidsuitgaven per hoofd van de bevolking in de wereld ($824,8), en was in 3,3 keer lager dan de overheidsuitgaven per hoofd van de bevolking in Amerika ($824,8).

De groei van de overheidsuitgaven in Zuid-Amerika bedroeg 0.3% in de jaren 1990. De groei van de overheidsuitgaven in Zuid-Amerika (0,33%) was minder dan de groei van de overheidsuitgaven in de wereld (2,0%), was minder dan de groei van de overheidsuitgaven in Amerika (1,1%).

Vergelijking met subregio's. De overheidsuitgaven van Zuid-Amerika was groter dan in Centraal-Amerika (US$44,5 miljard) en in de Caraïben (US$18,5 miljard); maar minder dan in Noord-Amerika (US$1,3 biljoen). De overheidsuitgaven per hoofd in Zuid-Amerika was in Zuid-Amerika groter dan in de Caraïben (US$528,5) en in Centraal-Amerika (US$360,9); maar minder dan in Noord-Amerika (US$4,3 duizend). De groei van de overheidsuitgaven in Zuid-Amerika was minder dan in Centraal-Amerika (2,3%), in de Caraïben (1,2%) en in Noord-Amerika (1,2%).

Leiders. De overheidsuitgaven van Zuid-Amerika in de jaren 1990 bestond uit: Brazilië (62,2%), Argentinië (17,6%), Colombia (5,6%), Venezuela (5,4%), Chili (3,5%), en andere (5,8%). Het aandeel van de overheidsuitgaven in BBP van de leiders: Brazilië (19,3%), Venezuela (14,7%), Argentinië (12,5%), Colombia (11,6%) en Chili (10,4%). De overheidsuitgaven per hoofd in Zuid-Amerika onder de leiders: Argentinië ($962,8), Brazilië ($733,0), Venezuela ($468,9), Chili ($459,5) en Colombia ($294,5). De groei van de overheidsuitgaven onder de leiders: Colombia (9,9%), Chili (3,5%), Brazilië (-0,22%), Venezuela (-0,48%) en Argentinië (-0,58%).

de jaren 2000

De overheidsuitgaven van Zuid-Amerika bedroeg in de jaren 2000 US$292,8 miljard per jaar, en was vergelijkbaar met Oost-Europa (US$296,7 miljard). Het aandeel in de wereld was 3,7%, en 11,4% in Amerika.

Het aandeel van de overheidsuitgaven in het BBP van Zuid-Amerika was 16,0% in de jaren 2000, en was vergelijkbaar met Oost-Azië (16,0%), Roemenië (16,1%), Moldavië (16,0%).

De overheidsuitgaven per hoofd in Zuid-Amerika was $793,8 in de jaren 2000s, en was vergelijkbaar met Montenegro (US$804,2), Roemenië (US$781,7), Servië (US$813,0). De overheidsuitgaven per hoofd in Zuid-Amerika was 33,9% lager dan de overheidsuitgaven per hoofd van de bevolking in de wereld ($1.200,9), en was in 3,7 keer lager dan de overheidsuitgaven per hoofd van de bevolking in Amerika ($1.200,9).

De groei van de overheidsuitgaven in Zuid-Amerika bedroeg 3.2% in de jaren 2000. De groei van de overheidsuitgaven in Zuid-Amerika (3,2%) was groter dan de groei van de overheidsuitgaven in de wereld (3,1%), was groter dan de groei van de overheidsuitgaven in Amerika (2,4%).

Vergelijking met subregio's. De overheidsuitgaven van Zuid-Amerika was groter dan in Centraal-Amerika (US$104,0 miljard) en in de Caraïben (US$35,4 miljard); maar minder dan in Noord-Amerika (US$2,1 biljoen). De overheidsuitgaven per hoofd in Zuid-Amerika was in Zuid-Amerika groter dan in Centraal-Amerika (US$716,9); maar minder dan in Noord-Amerika (US$6,6 duizend) en in de Caraïben

(US$917,3). De groei van de overheidsuitgaven in Zuid-Amerika was groter dan in Noord-Amerika (2,3%) en in Centraal-Amerika (1,6%); maar minder dan in de Caraïben (3,9%).

Leiders. De overheidsuitgaven van Zuid-Amerika in de jaren 2000 bestond uit: Brazilië (63,3%), Argentinië (11,1%), Venezuela (7,4%), Colombia (7,1%), Chili (4,6%), en andere (6,5%). Het aandeel van de overheidsuitgaven in BBP van de leiders: Brazilië (19,1%), Colombia (13,9%), Argentinië (13,3%), Venezuela (12,5%) en Chili (11,1%). De overheidsuitgaven per hoofd in Zuid-Amerika onder de leiders: Brazilië ($1.003,2), Argentinië ($842,9), Venezuela ($830,1), Chili ($828,0) en Colombia ($489,6). De groei van de overheidsuitgaven onder de leiders: Venezuela (6,8%), Chili (4,4%), Colombia (3,4%), Argentinië (2,9%) en Brazilië (2,8%).

de jaren 2010

De overheidsuitgaven van Zuid-Amerika bedroeg in de jaren 2010 US$691,8 miljard per jaar. Het aandeel in de wereld was 5,3%, en 17,6% in Amerika.

Het aandeel van de overheidsuitgaven in het BBP van Zuid-Amerika was 17,2% in de jaren 2010, en was vergelijkbaar met Litouwen (17,2%), Costa Rica (17,2%), Cyprus (17,1%).

De overheidsuitgaven per hoofd in Zuid-Amerika was $1.687,7 in de jaren 2010s. De overheidsuitgaven per hoofd in Zuid-Amerika was 5,5% lager dan de overheidsuitgaven per hoofd van de bevolking in de wereld ($1.785,1), en was in 2,4 keer lager dan de overheidsuitgaven per hoofd van de bevolking in Amerika ($1.785,1).

De groei van de overheidsuitgaven in Zuid-Amerika bedroeg 1.5% in de jaren 2010. De groei van de overheidsuitgaven in Zuid-Amerika (1,5%) was minder dan de groei van de overheidsuitgaven in de wereld (2,3%), was groter dan de groei van de overheidsuitgaven in Amerika (0,45%).

Vergelijking met subregio's. De overheidsuitgaven van Zuid-Amerika was 4,0 keer groter dan in Centraal-Amerika (US$171,9 miljard) en 12,6 keer groter dan in de Caraïben (US$55,0 miljard); maar 4,4 keer minder dan in Noord-Amerika (US$3,0 biljoen). De overheidsuitgaven per hoofd in Zuid-Amerika was in Zuid-Amerika27,2% groter dan in de Caraïben (US$1.326,5) en 64,7% groter dan in Centraal-Amerika (US$1.024,7); maar 5,0 keer minder dan in Noord-Amerika (US$8,5 duizend). De groei van de overheidsuitgaven in Zuid-Amerika was groter dan in de Caraïben (0,68%) en in Noord-Amerika (0,15%); maar minder dan in Centraal-Amerika (2,1%).

Leiders. De overheidsuitgaven van Zuid-Amerika in de jaren 2010 bestond uit: Brazilië (60,6%), Argentinië (13,4%), Colombia (6,9%), Venezuela (6,2%), Chili (5,0%), en andere (8,0%). Het aandeel van de overheidsuitgaven in BBP van de leiders: Brazilië (19,4%), Argentinië (16,7%), Colombia (14,4%), Venezuela (14,0%) en Chili (13,1%). De overheidsuitgaven per hoofd in Zuid-Amerika onder de leiders: Argentinië ($2.158,3), Brazilië ($2.061,0), Chili ($1.926,2), Venezuela ($1.454,7) en Colombia ($999,5). De groei van de overheidsuitgaven onder de leiders: Colombia (5,2%), Chili (3,7%), Argentinië (2,5%), Brazilië (0,86%) en Venezuela (-8,2%).

Hoofdstuk XIII. Huishoudelijke uitgaven

Consumptieve bestedingen van de huishoudens

De huishoudelijke uitgaven van Zuid-Amerika steeg van US$158,1 miljard per jaar in de jaren 1970 tot US$2,6 biljoen per jaar in de jaren 2010, dat wil zeggen met US$2,5 biljoen of 16,6 keer. De verandering vond plaats op US$2,1 biljoen als gevolg van een 4,6-voudige stijging van de prijzen, en ook op US$263,5 miljard als gevolg van een 1,9-voudige toename van het tarief per hoofd , evenals op US$146,1 miljard als gevolg van de toename van de bevolking. De gemiddelde jaarlijkse groei van de huishoudelijke uitgaven is 3,2%. De minimumwaarde van de huishoudelijke uitgaven bedroeg US$77,0 miljard in 1970. De maximumwaarde van de huishoudelijke uitgaven bedroeg US$2,9 biljoen in 2014.

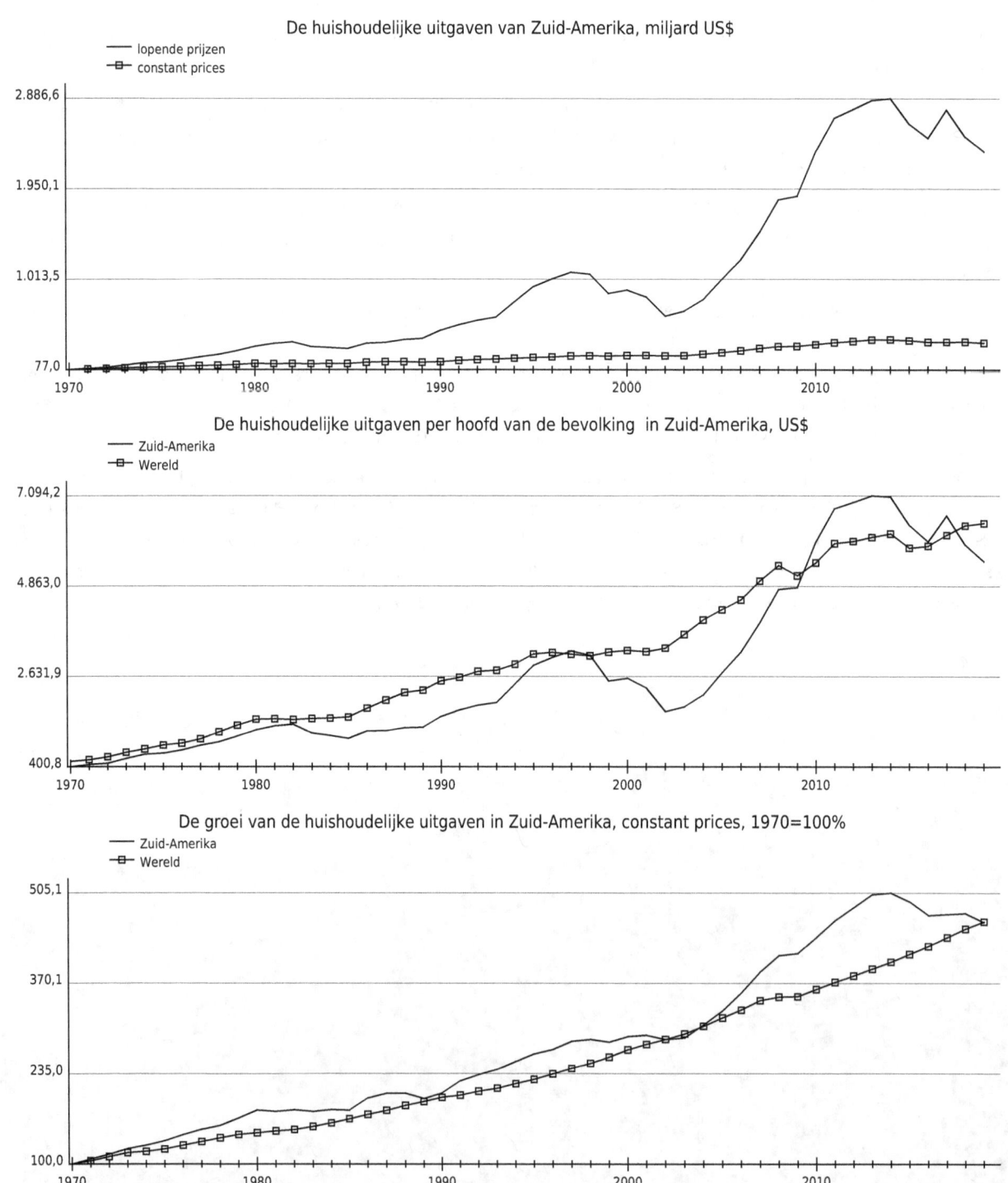

De huishoudelijke uitgaven van Zuid-Amerika, miljard US$

De huishoudelijke uitgaven per hoofd van de bevolking in Zuid-Amerika, US$

De groei van de huishoudelijke uitgaven in Zuid-Amerika, constant prices, 1970=100%

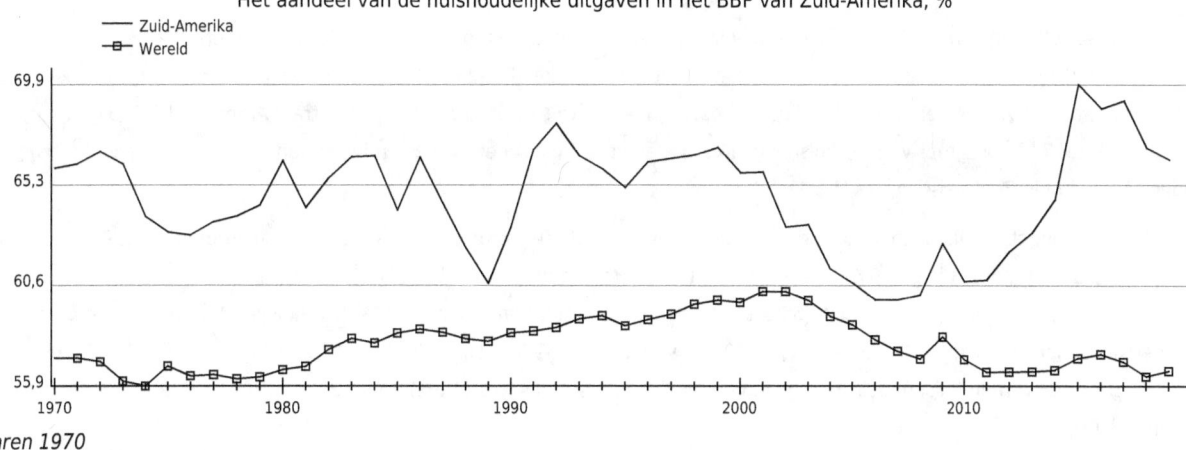

de jaren 1970

De huishoudelijke uitgaven van Zuid-Amerika bedroeg in de jaren 1970 US$158,1 miljard per jaar, en was vergelijkbaar met het Verenigd Koninkrijk (US$159,2 miljard). Het aandeel in de wereld was 4,3%, en 11,4% in Amerika.

Het aandeel van de huishoudelijke uitgaven in het BBP van Zuid-Amerika was 64,3% in de jaren 1970, en was vergelijkbaar met Andorra (64,2%), Spanje (64,2%), de Caraïben (64,5%).

De huishoudelijke uitgaven per hoofd in Zuid-Amerika was $742,2 in de jaren 1970s, en was vergelijkbaar met Gabon (US$733,4), Zuidelijk Afrika (US$725,1). De huishoudelijke uitgaven per hoofd in Zuid-Amerika was 18,9% lager dan de huishoudelijke uitgaven per hoofd van de bevolking in de wereld ($914,8), en was in 3,3 keer lager dan de huishoudelijke uitgaven per hoofd van de bevolking in Amerika ($914,8).

De groei van de huishoudelijke uitgaven in Zuid-Amerika bedroeg 6% in de jaren 1970, en was vergelijkbaar met Mauritius (6,0%). De groei van de huishoudelijke uitgaven in Zuid-Amerika (6,0%) was groter dan de groei van de huishoudelijke uitgaven in de wereld (4,1%), was groter dan de groei van de huishoudelijke uitgaven in Amerika (4,1%).

Vergelijking met subregio's. De huishoudelijke uitgaven van Zuid-Amerika was groter dan in Centraal-Amerika (US$75,5 miljard) en in de Caraïben (US$21,5 miljard); maar minder dan in Noord-Amerika (US$1,1 biljoen). De huishoudelijke uitgaven per hoofd in Zuid-Amerika was in Zuid-Amerika minder dan in Noord-Amerika (US$4,7 duizend), in Centraal-Amerika (US$955,0) en in de Caraïben (US$811,8). De groei van de huishoudelijke uitgaven in Zuid-Amerika was groter dan in Centraal-Amerika (5,6%), in de Caraïben (4,6%) en in Noord-Amerika (3,7%).

Leiders. De huishoudelijke uitgaven van Zuid-Amerika in de jaren 1970 bestond uit: Brazilië (44,9%), Argentinië (20,6%), Colombia (10,1%), Venezuela (7,0%), Chili (6,2%), en andere (11,2%). Het aandeel van de huishoudelijke uitgaven in BBP van de leiders: Colombia (78,1%), Brazilië (69,1%), Chili (68,6%), Argentinië (63,7%) en Venezuela (35,6%). De huishoudelijke uitgaven per hoofd in Zuid-Amerika onder de leiders: Argentinië ($1.267,5), Chili ($933,6), Venezuela ($845,8), Brazilië ($669,4) en Colombia ($669,1). De groei van de huishoudelijke uitgaven onder de leiders: Brazilië (8,5%), Venezuela (7,5%), Colombia (5,7%), Argentinië (2,5%) en Chili (0,83%).

de jaren 1980

De huishoudelijke uitgaven van Zuid-Amerika bedroeg in de jaren 1980 US$343,2 miljard per jaar, en was vergelijkbaar met Italië (US$350,7 miljard). Het aandeel in de wereld was 3,9%, en 10,2% in Amerika.

Het aandeel van de huishoudelijke uitgaven in het BBP van Zuid-Amerika was 64,6% in de jaren 1980, en was vergelijkbaar met Ivoorkust (64,5%), Malta (64,7%), Mexico (64,3%).

De huishoudelijke uitgaven per hoofd in Zuid-Amerika was $1.294,7 in de jaren 1980s, en was vergelijkbaar met Libanon (US$1.284,4), Cuba (US$1.274,4), Hongarije (US$1.273,1). De huishoudelijke uitgaven per hoofd in Zuid-Amerika was 28,4% lager dan de huishoudelijke uitgaven per hoofd van de bevolking in de wereld ($1.808,0), en was in 3,9 keer lager dan de huishoudelijke uitgaven per hoofd van de bevolking in Amerika ($1.808,0).

De groei van de huishoudelijke uitgaven in Zuid-Amerika bedroeg 1.6% in de jaren 1980. De groei van de huishoudelijke uitgaven in Zuid-Amerika (1,6%) was minder dan de groei van de huishoudelijke uitgaven in de wereld (3,0%), was minder dan de groei van de huishoudelijke uitgaven in Amerika (2,9%).

Vergelijking met subregio's. De huishoudelijke uitgaven van Zuid-Amerika was groter dan in Centraal-Amerika (US$159,6 miljard) en in de Caraïben (US$46,7 miljard); maar minder dan in Noord-Amerika (US$2,8 biljoen). De huishoudelijke uitgaven per hoofd in Zuid-Amerika was in Zuid-Amerika minder dan in Noord-Amerika (US$10,6 duizend), in Centraal-Amerika (US$1.577,4) en in de Caraïben (US$1.517,8). De groei van de huishoudelijke uitgaven in Zuid-Amerika was minder dan in Noord-Amerika (3,2%), in de Caraïben (2,6%) en in Centraal-Amerika (1,8%).

Leiders. De huishoudelijke uitgaven van Zuid-Amerika in de jaren 1980 bestond uit: Brazilië (44,2%), Argentinië (19,7%), Colombia (11,6%), Venezuela (8,2%), Chili (5,0%), en andere (11,3%). Het aandeel van de huishoudelijke uitgaven in BBP van de leiders: Colombia (76,2%), Argentinië (67,8%), Chili (66,3%), Brazilië (65,5%) en Venezuela (45,0%). De huishoudelijke uitgaven per hoofd in Zuid-Amerika onder de leiders: Argentinië ($2.250,0), Venezuela ($1.649,1), Chili ($1.412,7), Colombia ($1.337,1) en Brazilië ($1.135,3). De groei van de huishoudelijke uitgaven onder de leiders: Colombia (2,8%), Chili (2,8%), Brazilië (1,9%), Venezuela (1,8%) en Argentinië (-0,19%).

de jaren 1990

De huishoudelijke uitgaven van Zuid-Amerika bedroeg in de jaren 1990 US$797,3 miljard per jaar, en was vergelijkbaar met Frankrijk (US$783,0 miljard). Het aandeel in de wereld was 4,7%, en 12,3% in Amerika.

Het aandeel van de huishoudelijke uitgaven in het BBP van Zuid-Amerika was 66,3% in de jaren 1990, en was vergelijkbaar met Ivoorkust (66,2%), Grenada (66,4%), het Verenigd Koninkrijk (66,7%).

De huishoudelijke uitgaven per hoofd in Zuid-Amerika was $2.496,2 in de jaren 1990s, en was vergelijkbaar met Tsjechië (US$2,5 duizend), Trinidad en Tobago (US$2,5 duizend), Oman (US$2,6 duizend). De huishoudelijke uitgaven per hoofd in Zuid-Amerika was 15,8% lager dan de huishoudelijke uitgaven per hoofd van de bevolking in de wereld ($2.963,9), en was in 3,4 keer lager dan de huishoudelijke uitgaven per hoofd van de bevolking in Amerika ($2.963,9).

De groei van de huishoudelijke uitgaven in Zuid-Amerika bedroeg 3.6% in de jaren 1990, en was vergelijkbaar met Bolivia (3,6%), Jamaica (3,6%), Brunei (3,6%). De groei van de huishoudelijke uitgaven in Zuid-Amerika (3,6%) was groter dan de groei van de huishoudelijke uitgaven in de wereld (3,0%), was groter dan de groei van de huishoudelijke uitgaven in Amerika (3,3%).

Vergelijking met subregio's. De huishoudelijke uitgaven van Zuid-Amerika was groter dan in Centraal-Amerika (US$348,8 miljard) en in de Caraïben (US$74,4 miljard); maar minder dan in Noord-Amerika (US$5,3 biljoen). De huishoudelijke uitgaven per hoofd in Zuid-Amerika was in Zuid-Amerika groter dan in de Caraïben (US$2,1 duizend); maar minder dan in Noord-Amerika (US$17,9 duizend) en in Centraal-Amerika (US$2,8 duizend). De groei van de huishoudelijke uitgaven in Zuid-Amerika was groter dan in Centraal-Amerika (3,4%), in Noord-Amerika (3,3%) en in de Caraïben (2,3%).

Leiders. De huishoudelijke uitgaven van Zuid-Amerika in de jaren 1990 bestond uit: Brazilië (48,6%), Argentinië (23,9%), Colombia (8,5%), Chili (5,0%), Venezuela (4,6%), en andere (9,3%). Het aandeel van de huishoudelijke uitgaven in BBP van de leiders: Colombia (74,2%), Argentinië (71,5%), Brazilië (63,6%), Chili (63,6%) en Venezuela (53,6%). De huishoudelijke uitgaven per hoofd in Zuid-Amerika onder de leiders: Argentinië ($5.510,9), Chili ($2.819,1), Brazilië ($2.410,7), Colombia ($1.877,5) en Venezuela ($1.705,7). De groei van de huishoudelijke uitgaven onder de leiders: Chili (6,9%), Argentinië (6,0%), Brazilië (3,7%), Colombia (2,0%) en Venezuela (1,6%).

de jaren 2000

De huishoudelijke uitgaven van Zuid-Amerika bedroeg in de jaren 2000 US$1,1 biljoen per jaar, en was vergelijkbaar met Frankrijk (US$1,1 biljoen). Het aandeel in de wereld was 4,1%, en 10,3% in Amerika.

Het aandeel van de huishoudelijke uitgaven in het BBP van Zuid-Amerika was 61,8% in de jaren 2000, en was vergelijkbaar met Kroatië (61,8%), Tunesië (61,8%), Malta (61,7%).

De huishoudelijke uitgaven per hoofd in Zuid-Amerika was $3.059,8 in de jaren 2000s, en was vergelijkbaar met Panama (US$3,1 duizend), Oost-Europa (US$3,0 duizend). De huishoudelijke uitgaven per hoofd in Zuid-Amerika was 27,3% lager dan de huishoudelijke uitgaven per hoofd van de bevolking in de wereld ($4.208,2), en was in 4,1 keer lager dan de huishoudelijke uitgaven per hoofd van de bevolking in Amerika ($4.208,2).

De groei van de huishoudelijke uitgaven in Zuid-Amerika bedroeg 3.9% in de jaren 2000, en was vergelijkbaar met Zuid-Afrika (3,9%).

De groei van de huishoudelijke uitgaven in Zuid-Amerika (3,9%) was groter dan de groei van de huishoudelijke uitgaven in de wereld (3,0%), was groter dan de groei van de huishoudelijke uitgaven in Amerika (2,7%).

Vergelijking met subregio's. De huishoudelijke uitgaven van Zuid-Amerika was groter dan in Centraal-Amerika (US$665,9 miljard) en in de Caraïben (US$131,3 miljard); maar minder dan in Noord-Amerika (US$9,1 biljoen). De huishoudelijke uitgaven per hoofd in Zuid-Amerika was in Zuid-Amerika minder dan in Noord-Amerika (US$27,8 duizend), in Centraal-Amerika (US$4,6 duizend) en in de Caraïben (US$3,4 duizend). De groei van de huishoudelijke uitgaven in Zuid-Amerika was groter dan in de Caraïben (2,7%), in Noord-Amerika (2,5%) en in Centraal-Amerika (2,4%).

Leiders. De huishoudelijke uitgaven van Zuid-Amerika in de jaren 2000 bestond uit: Brazilië (52,5%), Argentinië (14,1%), Colombia (9,0%), Venezuela (8,2%), Chili (6,3%), en andere (9,9%). Het aandeel van de huishoudelijke uitgaven in BBP van de leiders: Colombia (68,3%), Argentinië (65,1%), Brazilië (61,0%), Chili (59,2%) en Venezuela (53,1%). De huishoudelijke uitgaven per hoofd in Zuid-Amerika onder de leiders: Chili ($4.403,3), Argentinië ($4.111,6), Venezuela ($3.518,3), Brazilië ($3.209,1) en Colombia ($2.410,5). De groei van de huishoudelijke uitgaven onder de leiders: Venezuela (6,3%), Chili (4,8%), Brazilië (3,7%), Colombia (3,5%) en Argentinië (2,3%).

de jaren 2010

De huishoudelijke uitgaven van Zuid-Amerika bedroeg in de jaren 2010 US$2,6 biljoen per jaar. Het aandeel in de wereld was 5,9%, en 15,5% in Amerika.

Het aandeel van de huishoudelijke uitgaven in het BBP van Zuid-Amerika was 65,1% in de jaren 2010, en was vergelijkbaar met Bolivia (65,1%), Costa Rica (64,9%), Argentinië (65,3%).

De huishoudelijke uitgaven per hoofd in Zuid-Amerika was $6.403,5 in de jaren 2010s, en was vergelijkbaar met Mexico (US$6,4 duizend), Rusland (US$6,3 duizend). De huishoudelijke uitgaven per hoofd in Zuid-Amerika was 6,4% hoger dan de huishoudelijke uitgaven per hoofd van de bevolking in de wereld ($6.018,5), en was in 2,7 keer lager dan de huishoudelijke uitgaven per hoofd van de bevolking in Amerika ($6.018,5).

De groei van de huishoudelijke uitgaven in Zuid-Amerika bedroeg 1.1% in de jaren 2010. De groei van de huishoudelijke uitgaven in Zuid-Amerika (1,1%) was minder dan de groei van de huishoudelijke uitgaven in de wereld (2,8%), was minder dan de groei van de huishoudelijke uitgaven in Amerika (2,2%).

Vergelijking met subregio's. De huishoudelijke uitgaven van Zuid-Amerika was 2,8 keer groter dan in Centraal-Amerika (US$935,5 miljard) en 12,1 keer groter dan in de Caraïben (US$216,1 miljard); maar 5,0 keer minder dan in Noord-Amerika (US$13,2 biljoen). De huishoudelijke uitgaven per hoofd in Zuid-Amerika was in Zuid-Amerika14,8% groter dan in Centraal-Amerika (US$5,6 duizend) en 22,8% groter dan in de Caraïben (US$5,2 duizend); maar 5,8 keer minder dan in Noord-Amerika (US$37,1 duizend). De groei van de huishoudelijke uitgaven in Zuid-Amerika was minder dan in Centraal-Amerika (2,8%), in Noord-Amerika (2,4%) en in de Caraïben (2,4%).

Leiders. De huishoudelijke uitgaven van Zuid-Amerika in de jaren 2010 bestond uit: Brazilië (51,6%), Argentinië (13,8%), Venezuela (9,8%), Colombia (8,4%), Chili (6,2%), en andere (10,2%). Het aandeel van de huishoudelijke uitgaven in BBP van de leiders: Venezuela (84,4%), Colombia (66,9%), Argentinië (65,3%), Brazilië (62,7%) en Chili (62,3%). De huishoudelijke uitgaven per hoofd in Zuid-Amerika onder de leiders: Chili ($9.137,1), Venezuela ($8.769,1), Argentinië ($8.431,8), Brazilië ($6.657,5) en Colombia ($4.651,0). De groei van de huishoudelijke uitgaven onder de leiders: Chili (4,5%), Colombia (3,9%), Brazilië (1,9%), Argentinië (1,8%) en Venezuela (-9,1%).

Hoofdstuk XIV. Voedsel consumptie

Tijdens de onderzoeksperiode groeide de voedselconsumptie in specerijen (in 4,2 keer), eieren (in 2,1 keer), vlees (met 93,5%), noten (met 92,5%), plantaardige oliën (met 84,8%), alcoholische dranken (met 75,7%), melk (met 52,4%), groenten (met 31,4%), vis (met 28,2%), fruit (met 12,5%), stimulerende middelen (met 11,8%), granen (met 10,4%), maar daalde in suiker (met 5,6%), peulvruchten (met 15,6%), zetmeelrijke wortels (met 43,2%).

Dit zijn de correlatiecoëfficiënten tussen het bni per hoofd van de bevolking in constante prijzen en de voedselconsumptie: alcoholische dranken (0.999), melk (0.991), vlees (0.991), groenten (0.98), eieren (0.972), vis (0.96), noten (0.927), plantaardige oliën (0.926), specerijen (0.923), granen (0.916), fruit (0.866), stimulerende middelen (0.67), peulvruchten (-0.5), suiker (-0.738), zetmeelrijke wortels (-0.785).

de jaren 1970

De consumptie van kcal in Zuid-Amerika was 2.514,6 kcal/hoofd/dag in the 1970s, and was on a par with Madagaskar (2.514,2 kcal/hoofd/dag), Marokko (2.524,9 kcal/hoofd/dag), Centraal-Amerika (2.525,0 kcal/hoofd/dag). De consumptie van kcal in Zuid-Amerika was groter dan in de wereld (2.403,2 kcal/hoofd/dag), en was minder dan in Amerika (2.754,7 kcal/hoofd/dag). De structuur van de consumptie: granen (34.6%), suiker (17.1%), zetmeelrijke wortels (8.3%), vlees (8.1%), plantaardige oliën (7.8%), en anderen (24.1%).

De consumptie van eiwitten in Zuid-Amerika was 64,3 g/hoofd/dag in the 1970s, and was on a par with Macau (64,2 g/hoofd/dag), Zambia (64,5 g/hoofd/dag), Lesotho (64,5 g/hoofd/dag). De consumptie van eiwitten in Zuid-Amerika was minder dan in de wereld (65,0 g/hoofd/dag), en was minder dan in Amerika (79,0 g/hoofd/dag). De structuur van de consumptie: granen (32.7%), vlees (23.9%), melk (11.9%), peulvruchten (11.5%), zetmeelrijke wortels (4.5%), en anderen (15.5%).

De consumptie van vet in Zuid-Amerika was 59,1 g/hoofd/dag in the 1970s, and was on a par with Paraguay (58,9 g/hoofd/dag), Trinidad en Tobago (58,7 g/hoofd/dag). De consumptie van vet in Zuid-Amerika was groter dan in de wereld (55,1 g/hoofd/dag), en was minder dan in Amerika (85,8 g/hoofd/dag). De structuur van de consumptie: plantaardige oliën (37.6%), vlees (25.3%), melk (12.5%), granen (4.6%), eieren (1.8%), en anderen (18.2%).

Dit zijn niveaus van voedselconsumptie: granen (104,6 kg/hoofd/jr), fruit (96,3 kg/hoofd/jr), zetmeelrijke wortels (91,5 kg/hoofd/jr), melk (89,1 kg/hoofd/jr), suiker (44,1 kg/hoofd/jr), vlees (40,6 kg/hoofd/jr), groenten (40,5 kg/hoofd/jr), alcoholische dranken (35,9 kg/hoofd/jr), peulvruchten (12,2 kg/hoofd/jr), plantaardige oliën (8,1 kg/hoofd/jr), vis (7,8 kg/hoofd/jr), stimulerende middelen (4,8 kg/hoofd/jr), eieren (4,4 kg/hoofd/jr), noten (0,36 kg/hoofd/jr), specerijen (0,11 kg/hoofd/jr).

de jaren 1980

De consumptie van kcal in Zuid-Amerika was 2.615,3 kcal/hoofd/dag in the 1980s, and was on a par with Jordanië (2.613,0 kcal/hoofd/dag), Algerije (2.611,3 kcal/hoofd/dag), Venezuela (2.607,7 kcal/hoofd/dag). De consumptie van kcal in Zuid-Amerika was groter dan in de wereld (2.572,3 kcal/hoofd/dag), en was minder dan in Amerika (2.917,7 kcal/hoofd/dag). De structuur van de consumptie: granen (35%), suiker (17.2%), plantaardige oliën (10.5%), vlees (8.2%), zetmeelrijke wortels (6.3%), en anderen (22.8%).

De consumptie van eiwitten in Zuid-Amerika was 65,8 g/hoofd/dag in the 1980s, and was on a par with Kaapverdië (65,8 g/hoofd/dag), Saint Lucia (65,9 g/hoofd/dag), Samoa (65,7 g/hoofd/dag). De consumptie van eiwitten in Zuid-Amerika was minder dan in de wereld (69,1 g/hoofd/dag), en was minder dan in Amerika (81,7 g/hoofd/dag). De structuur van de consumptie: granen (33.5%), vlees (25.2%), melk (12.5%), peulvruchten (9.5%), zetmeelrijke wortels (3.8%), en anderen (15.5%).

De consumptie van vet in Zuid-Amerika was 69,3 g/hoofd/dag in the 1980s, and was on a par with Ecuador (69,3 g/hoofd/dag), Paraguay (68,8 g/hoofd/dag), Dominica (68,6 g/hoofd/dag). De consumptie van vet in Zuid-Amerika was groter dan in de wereld (63,2 g/hoofd/dag), en was minder dan in Amerika (96,3 g/hoofd/dag). De structuur van de consumptie: plantaardige oliën (44.8%), vlees (22.8%), melk (11.4%), granen (4.2%), eieren (2.1%), en anderen (14.7%).

Dit zijn niveaus van voedselconsumptie: granen (110,6 kg/hoofd/jr), melk (94,7 kg/hoofd/jr), fruit (88,9 kg/hoofd/jr), zetmeelrijke wortels (73,8 kg/hoofd/jr), suiker (46,1 kg/hoofd/jr), vlees (44,5 kg/hoofd/jr), groenten (40,9 kg/hoofd/jr), alcoholische dranken (39,6 kg/hoofd/jr), plantaardige oliën (11,3 kg/hoofd/jr), peulvruchten (10,3 kg/hoofd/jr), vis (8,0 kg/hoofd/jr), eieren (6,2 kg/hoofd/jr), stimulerende middelen (4,2 kg/hoofd/jr), noten (0,31 kg/hoofd/jr), specerijen (0,13 kg/hoofd/jr).

de jaren 1990

De consumptie van kcal in Zuid-Amerika was 2.708,6 kcal/hoofd/dag in the 1990s, and was on a par with Jordanië (2.716,7 kcal/hoofd/dag), Colombia (2.695,3 kcal/hoofd/dag), Nieuw-Caledonië (2.723,4 kcal/hoofd/dag). De consumptie van kcal in Zuid-Amerika was groter dan in de wereld (2.652,6 kcal/hoofd/dag), en was minder dan in Amerika (3.035,8 kcal/hoofd/dag). De structuur van de consumptie: granen (33.6%), suiker (16.3%), plantaardige oliën (11.1%), vlees (9.9%), melk (6.4%), en anderen (22.7%).

De consumptie van eiwitten in Zuid-Amerika was 71,6 g/hoofd/dag in the 1990s, and was on a par with Jordanië (71,8 g/hoofd/dag), Mauritius (71,8 g/hoofd/dag), Zuidelijk Afrika (72,0 g/hoofd/dag). De consumptie van eiwitten in Zuid-Amerika was minder dan in de wereld (72,1 g/hoofd/dag), en was minder dan in Amerika (86,2 g/hoofd/dag). De structuur van de consumptie: granen (30.6%), vlees (28.2%), melk (13.4%), peulvruchten (8.8%), zetmeelrijke wortels (3.3%), en anderen (15.7%).

De consumptie van vet in Zuid-Amerika was 78,6 g/hoofd/dag in the 1990s, and was on a par with Rusland (78,7 g/hoofd/dag), Saoedi-Arabië (79,1 g/hoofd/dag), Saint Kitts en Nevis (79,3 g/hoofd/dag). De consumptie van vet in Zuid-Amerika was groter dan in de wereld (69,0 g/hoofd/dag), en was minder dan in Amerika (100,9 g/hoofd/dag). De structuur van de consumptie: plantaardige oliën (43.4%), vlees (25.4%), melk (12.1%), granen (3.7%), eieren (2%), en anderen (13.4%).

Dit zijn niveaus van voedselconsumptie: melk (110,6 kg/hoofd/jr), granen (109,4 kg/hoofd/jr), fruit (97,7 kg/hoofd/jr), zetmeelrijke wortels (65,7 kg/hoofd/jr), vlees (56,4 kg/hoofd/jr), suiker (45,3 kg/hoofd/jr), alcoholische dranken (44,5 kg/hoofd/jr), groenten (43,1 kg/hoofd/jr), plantaardige oliën (12,4 kg/hoofd/jr), peulvruchten (10,4 kg/hoofd/jr), vis (8,3 kg/hoofd/jr), eieren (6,7 kg/hoofd/jr), stimulerende middelen (4,1 kg/hoofd/jr), noten (0,40 kg/hoofd/jr), specerijen (0,18 kg/hoofd/jr).

de jaren 2000

De consumptie van kcal in Zuid-Amerika was 2.869,0 kcal/hoofd/dag in the 2000s, and was on a par with Polynesië (2.872,1 kcal/hoofd/dag), Oost-Azië (2.872,2 kcal/hoofd/dag), Uruguay (2.864,1 kcal/hoofd/dag). De consumptie van kcal in Zuid-Amerika was groter dan in de wereld (2.765,9 kcal/hoofd/dag), en was minder dan in Amerika (3.186,4 kcal/hoofd/dag). De structuur van de consumptie: granen (33.2%), suiker (14%), plantaardige oliën (12%), vlees (11.1%), melk (6.5%), en anderen (23.2%).

De consumptie van eiwitten in Zuid-Amerika was 78,5 g/hoofd/dag in the 2000s, and was on a par with Oman (78,6 g/hoofd/dag), Jordanië (78,6 g/hoofd/dag), Saint Vincent en de Grenadines (78,6 g/hoofd/dag). De consumptie van eiwitten in Zuid-Amerika was groter dan in de wereld (76,5 g/hoofd/dag), en was minder dan in Amerika (91,2 g/hoofd/dag). De structuur van de consumptie: vlees (30.3%), granen (29.2%), melk (13%), peulvruchten (8.2%), vis (3.1%), en anderen (16.2%).

De consumptie van vet in Zuid-Amerika was 91,1 g/hoofd/dag in the 2000s, and was on a par with Jordanië (91,1 g/hoofd/dag). De consumptie van vet in Zuid-Amerika was groter dan in de wereld (76,9 g/hoofd/dag), en was minder dan in Amerika (113,5 g/hoofd/dag). De structuur van de consumptie: plantaardige oliën (42.8%), vlees (26.4%), melk (11.2%), granen (3.5%), eieren (1.9%), en anderen (14.2%).

Dit zijn niveaus van voedselconsumptie: melk (117,3 kg/hoofd/jr), granen (113,0 kg/hoofd/jr), fruit (101,7 kg/hoofd/jr), vlees (67,6 kg/hoofd/jr), zetmeelrijke wortels (63,7 kg/hoofd/jr), alcoholische dranken (52,5 kg/hoofd/jr), groenten (48,9 kg/hoofd/jr), suiker (41,3 kg/hoofd/jr), plantaardige oliën (14,2 kg/hoofd/jr), peulvruchten (10,6 kg/hoofd/jr), vis (8,6 kg/hoofd/jr), eieren (7,3 kg/hoofd/jr), stimulerende middelen (5,3 kg/hoofd/jr), specerijen (0,46 kg/hoofd/jr), noten (0,45 kg/hoofd/jr).

de jaren 2010

De consumptie van kcal in Zuid-Amerika was 3.014,0 kcal/hoofd/dag in the 2010s, and was on a par with Uruguay (3.015,5 kcal/hoofd/dag), Kiribati (3.020,5 kcal/hoofd/dag), Zuid-Afrika (3.007,5 kcal/hoofd/dag). De consumptie van kcal in Zuid-Amerika was groter dan in de wereld (2.869,3 kcal/hoofd/dag), en was minder dan in Amerika (3.219,3 kcal/hoofd/dag). De structuur van de consumptie: granen (32%), suiker (13.5%), vlees (12.2%), plantaardige oliën (12.1%), melk (7.1%), en anderen (23.1%).

De consumptie van eiwitten in Zuid-Amerika was 85,2 g/hoofd/dag in the 2010s, and was on a par with Chili (85,2 g/hoofd/dag), Kirgizië (85,3 g/hoofd/dag), Cuba (85,0 g/hoofd/dag). De consumptie van eiwitten in Zuid-Amerika was groter dan in de wereld (80,6 g/hoofd/dag), en was minder dan in Amerika (92,7 g/hoofd/dag). De structuur van de consumptie: vlees (32.2%), granen (27.4%), melk (13.7%), peulvruchten (7.6%), vis (3.2%), en anderen (15.9%).

De consumptie van vet in Zuid-Amerika was 99,6 g/hoofd/dag in the 2010s, and was on a par with Jordanië (99,6 g/hoofd/dag). De consumptie van vet in Zuid-Amerika was groter dan in de wereld (82,4 g/hoofd/dag), en was minder dan in Amerika (118,2 g/hoofd/dag). De structuur van de consumptie: plantaardige oliën (41.4%), vlees (27.8%), melk (11.9%), granen (3.2%), eieren (2.2%), en anderen (13.5%).

Dit zijn niveaus van voedselconsumptie: melk (135,8 kg/hoofd/jr), granen (115,5 kg/hoofd/jr), fruit (108,4 kg/hoofd/jr), vlees (78,5 kg/hoofd/jr), zetmeelrijke wortels (63,9 kg/hoofd/jr), alcoholische dranken (63,1 kg/hoofd/jr), groenten (53,2 kg/hoofd/jr), suiker (41,7 kg/hoofd/jr), plantaardige oliën (15,0 kg/hoofd/jr), peulvruchten (10,6 kg/hoofd/jr), vis (10,0 kg/hoofd/jr), eieren (9,1 kg/hoofd/jr), stimulerende middelen (5,3 kg/hoofd/jr), noten (0,70 kg/hoofd/jr), specerijen (0,48 kg/hoofd/jr).

Part V. Reproductie

Index van Koesjnir, (-) consumptie - (+) reproductie

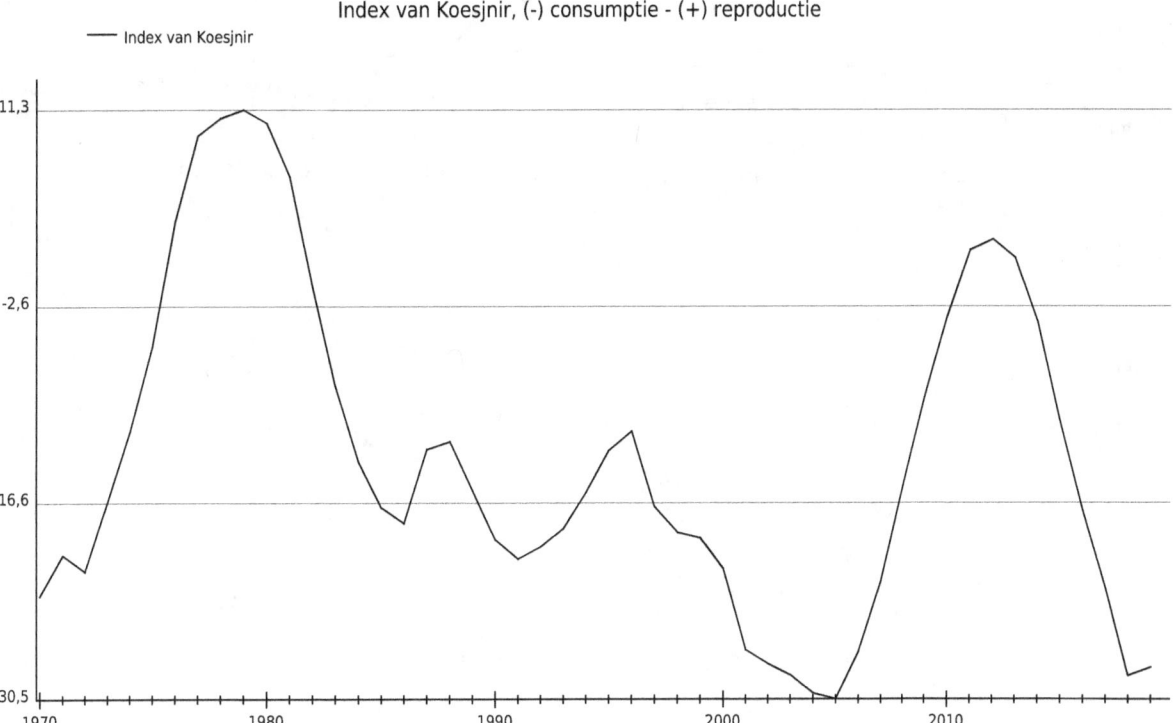

Hoofdstuk XV. Bruto-investeringen in vaste activa

De bruto-investeringen in vaste activa van Zuid-Amerika steeg van US$60,7 miljard per jaar in de jaren 1970 tot US$785,4 miljard per jaar in de jaren 2010, dat wil zeggen met US$724,7 miljard of 12,9 keer. De verandering vond plaats op US$648,6 miljard als gevolg van een 5,7-voudige stijging van de prijzen, en ook op US$20,1 miljard als gevolg van een 1,2-voudige toename van het tarief per hoofd , evenals op US$56,0 miljard als gevolg van de toename van de bevolking. De gemiddelde jaarlijkse groei van de investeringen in vaste activa is 2,2%. De minimumwaarde van de investeringen in vaste activa bedroeg US$24,6 miljard in 1970. De maximumwaarde van de investeringen in vaste activa bedroeg US$955,9 miljard in 2013.

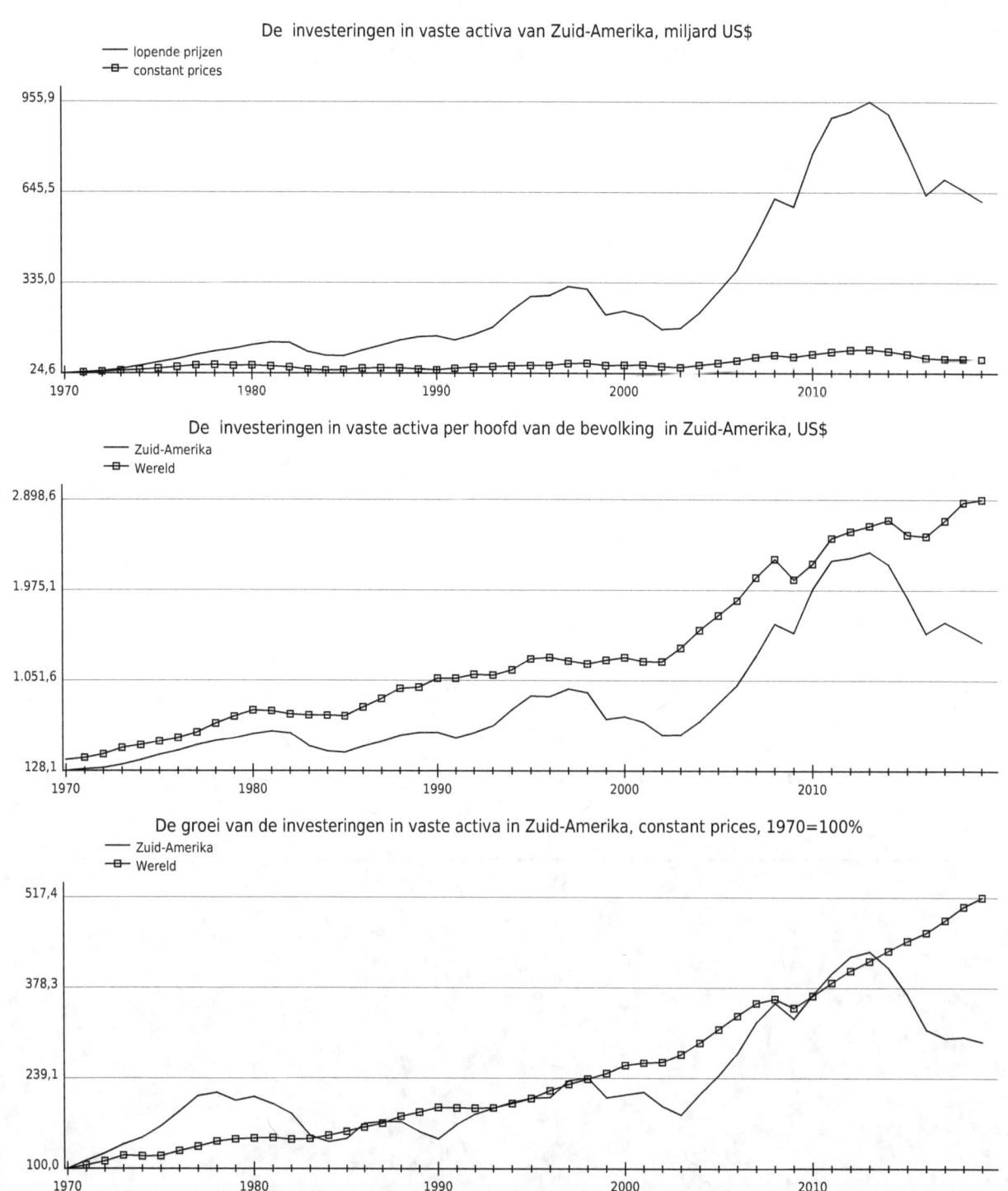

De investeringen in vaste activa van Zuid-Amerika, miljard US$

De investeringen in vaste activa per hoofd van de bevolking in Zuid-Amerika, US$

De groei van de investeringen in vaste activa in Zuid-Amerika, constant prices, 1970=100%

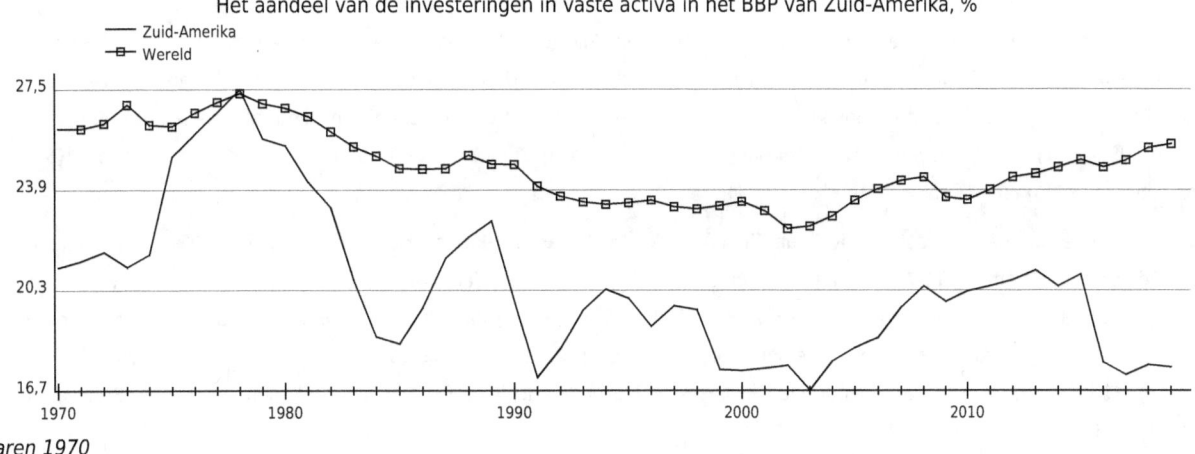

Het aandeel van de investeringen in vaste activa in het BBP van Zuid-Amerika, %

de jaren 1970

De investeringen in vaste activa van Zuid-Amerika bedroeg in de jaren 1970 US$60,7 miljard per jaar. Het aandeel in de wereld was 3,5%, en 11,9% in Amerika.

Het aandeel van de investeringen in vaste activa in het BBP van Zuid-Amerika was 24,7% in de jaren 1970, en was vergelijkbaar met Ivoorkust (24,7%), Saint Vincent en de Grenadines (24,5%), Hongkong (24,5%).

De investeringen in vaste activa per hoofd in Zuid-Amerika was $284,7 in de jaren 1970s, en was vergelijkbaar met Malta (US$286,3), Centraal-Amerika (US$286,9), Afrika (US$289,8). De investeringen in vaste activa per hoofd in Zuid-Amerika was 34,3% lager dan de investeringen in vaste activa per hoofd van de bevolking in de wereld ($433,5), en was in 3,2 keer lager dan de investeringen in vaste activa per hoofd van de bevolking in Amerika ($433,5).

De groei van de investeringen in vaste activa in Zuid-Amerika bedroeg 8.3% in de jaren 1970, en was vergelijkbaar met Niger (8,2%), Iran (8,2%), Marokko (8,3%). De groei van de investeringen in vaste activa in Zuid-Amerika (8,3%) was groter dan de groei van de investeringen in vaste activa in de wereld (4,2%), was groter dan de groei van de investeringen in vaste activa in Amerika (5,3%).

Vergelijking met subregio's. De investeringen in vaste activa van Zuid-Amerika was groter dan in Centraal-Amerika (US$22,7 miljard) en in de Caraïben (US$7,4 miljard); maar minder dan in Noord-Amerika (US$420,6 miljard). De bruto-investeringen in vaste activa per hoofd in Zuid-Amerika was in Zuid-Amerika groter dan in de Caraïben (US$278,0); maar minder dan in Noord-Amerika (US$1.744,0) en in Centraal-Amerika (US$286,9). De groei van de investeringen in vaste activa in Zuid-Amerika was groter dan in Centraal-Amerika (7,4%), in Noord-Amerika (4,5%) en in de Caraïben (2,2%).

Leiders. De bruto-investeringen in vaste activa van Zuid-Amerika in de jaren 1970 bestond uit: Brazilië (37,3%), Venezuela (24,0%), Argentinië (18,4%), Colombia (7,8%), Chili (4,0%), en andere (8,5%). Het aandeel van de investeringen in vaste activa in BBP van de leiders: Venezuela (47,0%), Colombia (23,1%), Brazilië (22,0%), Argentinië (21,8%) en Chili (17,1%). De investeringen in vaste activa per hoofd in Zuid-Amerika onder de leiders: Venezuela ($1.117,3), Argentinië ($434,4), Chili ($232,1), Brazilië ($212,9) en Colombia ($198,2). De groei van de investeringen in vaste activa onder de leiders: Venezuela (10,1%), Brazilië (9,9%), Colombia (4,3%), Argentinië (3,1%) en Chili (-1,0%).

de jaren 1980

De investeringen in vaste activa van Zuid-Amerika bedroeg in de jaren 1980 US$115,8 miljard per jaar, en was vergelijkbaar met West-Afrika (US$118,6 miljard). Het aandeel in de wereld was 3,0%, en 9,5% in Amerika.

Het aandeel van de investeringen in vaste activa in het BBP van Zuid-Amerika was 21,8% in de jaren 1980, en was vergelijkbaar met Israël (21,7%), Melanesië (21,8%), Papoea-Nieuw-Guinea (21,7%).

De bruto-investeringen in vaste activa per hoofd in Zuid-Amerika was $436,8 in de jaren 1980s, en was vergelijkbaar met Uruguay (US$436,2), de Cookeilanden (US$438,8), Mauritanië (US$440,4). De investeringen in vaste activa per hoofd in Zuid-Amerika was 44,8% lager dan de investeringen in vaste activa per hoofd van de bevolking in de wereld ($790,9), en was in 4,2 keer lager dan de investeringen in vaste activa per hoofd van de bevolking in Amerika ($790,9).

De groei van de investeringen in vaste activa in Zuid-Amerika bedroeg -2.6% in de jaren 1980. De groei van de investeringen in vaste activa in Zuid-Amerika (-2,6%) was minder dan de groei van de investeringen in vaste activa in de wereld (2,5%), was minder dan de groei van de investeringen in vaste activa in Amerika (1,9%).

Vergelijking met subregio's. De investeringen in vaste activa van Zuid-Amerika was groter dan in Centraal-Amerika (US$49,5 miljard) en in de Caraïben (US$14,5 miljard); maar minder dan in Noord-Amerika (US$1,0 biljoen). De bruto-investeringen in vaste activa per hoofd in Zuid-Amerika was in Zuid-Amerika minder dan in Noord-Amerika (US$3,9 duizend), in Centraal-Amerika (US$489,4) en in de Caraïben (US$472,1). De groei van de investeringen in vaste activa in Zuid-Amerika was minder dan in de Caraïben (3,5%), in Noord-Amerika (3,1%) en in Centraal-Amerika (-1,1%).

Leiders. De investeringen in vaste activa van Zuid-Amerika in de jaren 1980 bestond uit: Brazilië (42,9%), Venezuela (16,6%), Argentinië (14,1%), Colombia (11,7%), Chili (4,4%), en andere (10,3%). Het aandeel van de investeringen in vaste activa in BBP van de leiders: Venezuela (30,6%), Colombia (26,0%), Brazilië (21,4%), Chili (19,6%) en Argentinië (16,4%). De bruto-investeringen in vaste activa per hoofd in Zuid-Amerika onder de leiders: Venezuela ($1.120,0), Argentinië ($544,0), Colombia ($456,7), Chili ($418,0) en Brazilië ($371,8). De groei van de investeringen in vaste activa onder de leiders: Chili (6,1%), Colombia (3,2%), Brazilië (-0,19%), Argentinië (-5,6%) en Venezuela (-7,1%).

de jaren 1990

De investeringen in vaste activa van Zuid-Amerika bedroeg in de jaren 1990 US$230,6 miljard per jaar, en was vergelijkbaar met China (US$233,7 miljard). Het aandeel in de wereld was 3,4%, en 11,1% in Amerika.

Het aandeel van de investeringen in vaste activa in het BBP van Zuid-Amerika was 19,2% in de jaren 1990, en was vergelijkbaar met Kameroen (19,2%), Melanesië (19,2%), Egypte (19,1%).

De bruto-investeringen in vaste activa per hoofd in Zuid-Amerika was $722,0 in de jaren 1990s, en was vergelijkbaar met Brazilië (US$718,4), Saint Vincent en de Grenadines (US$737,0). De bruto-investeringen in vaste activa per hoofd in Zuid-Amerika was 39,0% lager dan de investeringen in vaste activa per hoofd van de bevolking in de wereld ($1.183,8), en was in 3,7 keer lager dan de investeringen in vaste activa per hoofd van de bevolking in Amerika ($1.183,8).

De groei van de investeringen in vaste activa in Zuid-Amerika bedroeg 2.9% in de jaren 1990, en was vergelijkbaar met de Caraïben (2,9%). De groei van de investeringen in vaste activa in Zuid-Amerika (2,9%) was groter dan de groei van de investeringen in vaste activa in de wereld (2,8%), was minder dan de groei van de investeringen in vaste activa in Amerika (4,4%).

Vergelijking met subregio's. De bruto-investeringen in vaste activa van Zuid-Amerika was groter dan in Centraal-Amerika (US$99,7 miljard) en in de Caraïben (US$20,8 miljard); maar minder dan in Noord-Amerika (US$1,7 biljoen). De bruto-investeringen in vaste activa per hoofd in Zuid-Amerika was in Zuid-Amerika groter dan in de Caraïben (US$593,3); maar minder dan in Noord-Amerika (US$5,9 duizend) en in Centraal-Amerika (US$807,8). De groei van de investeringen in vaste activa in Zuid-Amerika was minder dan in Centraal-Amerika (6,9%), in Noord-Amerika (4,5%) en in de Caraïben (2,9%).

Leiders. De investeringen in vaste activa van Zuid-Amerika in de jaren 1990 bestond uit: Brazilië (50,1%), Argentinië (17,4%), Colombia (9,5%), Venezuela (7,4%), Chili (6,8%), en andere (8,8%). Het aandeel van de investeringen in vaste activa in BBP van de leiders: Chili (25,0%), Venezuela (24,8%), Colombia (24,0%), Brazilië (19,0%) en Argentinië (15,0%). De bruto-investeringen in vaste activa per hoofd in Zuid-Amerika onder de leiders: Argentinië ($1.156,9), Chili ($1.108,3), Venezuela ($788,0), Brazilië ($718,4) en Colombia ($608,1). De groei van de investeringen in vaste activa onder de leiders: Argentinië (7,4%), Chili (7,0%), Venezuela (2,9%), Brazilië (2,0%) en Colombia (-1,2%).

de jaren 2000

De bruto-investeringen in vaste activa van Zuid-Amerika bedroeg in de jaren 2000 US$344,0 miljard per jaar. Het aandeel in de wereld was 3,1%, en 9,6% in Amerika.

Het aandeel van de investeringen in vaste activa in het BBP van Zuid-Amerika was 18,8% in de jaren 2000, en was vergelijkbaar met Zuid-Afrika (18,8%), Paraguay (18,9%), Cambodja (18,7%).

De investeringen in vaste activa per hoofd in Zuid-Amerika was $932,4 in de jaren 2000s, en was vergelijkbaar met Kaapverdië (US$917,1), Wit-Rusland (US$955,6), Brazilië (US$955,7). De investeringen in vaste activa per hoofd in Zuid-Amerika was 44,9% lager dan de investeringen in vaste activa per hoofd van de bevolking in de wereld ($1.690,7), en was in 4,4 keer lager dan de investeringen in vaste activa per hoofd van de bevolking in Amerika ($1.690,7).

De groei van de investeringen in vaste activa in Zuid-Amerika bedroeg 4.7% in de jaren 2000, en was vergelijkbaar met Thailand

(4,7%). De groei van de investeringen in vaste activa in Zuid-Amerika (4,7%) was groter dan de groei van de investeringen in vaste activa in de wereld (3,5%), was groter dan de groei van de investeringen in vaste activa in Amerika (1,3%).

Vergelijking met subregio's. De bruto-investeringen in vaste activa van Zuid-Amerika was groter dan in Centraal-Amerika (US$203,9 miljard) en in de Caraïben (US$38,2 miljard); maar minder dan in Noord-Amerika (US$3,0 biljoen). De bruto-investeringen in vaste activa per hoofd in Zuid-Amerika was in Zuid-Amerika minder dan in Noord-Amerika (US$9,2 duizend), in Centraal-Amerika (US$1.405,9) en in de Caraïben (US$988,7). De groei van de investeringen in vaste activa in Zuid-Amerika was groter dan in Centraal-Amerika (1,8%), in de Caraïben (1,2%) en in Noord-Amerika (0,66%).

Leiders. De bruto-investeringen in vaste activa van Zuid-Amerika in de jaren 2000 bestond uit: Brazilië (51,3%), Argentinië (11,2%), Venezuela (11,2%), Colombia (9,1%), Chili (7,6%), en andere (9,6%). Het aandeel van de investeringen in vaste activa in BBP van de leiders: Venezuela (22,1%), Chili (21,9%), Colombia (20,9%), Brazilië (18,2%) en Argentinië (15,8%). De investeringen in vaste activa per hoofd in Zuid-Amerika onder de leiders: Chili ($1.626,4), Venezuela ($1.465,6), Argentinië ($1.000,0), Brazilië ($955,7) en Colombia ($738,3). De groei van de investeringen in vaste activa onder de leiders: Colombia (9,3%), Chili (7,3%), Venezuela (6,6%), Brazilië (3,3%) en Argentinië (2,2%).

de jaren 2010

De bruto-investeringen in vaste activa van Zuid-Amerika bedroeg in de jaren 2010 US$785,4 miljard per jaar. Het aandeel in de wereld was 4,1%, en 15,3% in Amerika.

Het aandeel van de investeringen in vaste activa in het BBP van Zuid-Amerika was 19,5% in de jaren 2010, en was vergelijkbaar met Frans-Polynesië (19,4%), Litouwen (19,4%), Noord-Europa (19,6%).

De investeringen in vaste activa per hoofd in Zuid-Amerika was $1.915,9 in de jaren 2010s, en was vergelijkbaar met de Cookeilanden (US$1.937,5), Mauritius (US$1.955,2), Brazilië (US$1.955,6). De investeringen in vaste activa per hoofd in Zuid-Amerika was 26,9% lager dan de investeringen in vaste activa per hoofd van de bevolking in de wereld ($2.621,1), en was in 2,8 keer lager dan de investeringen in vaste activa per hoofd van de bevolking in Amerika ($2.621,1).

De groei van de investeringen in vaste activa in Zuid-Amerika bedroeg -1.1% in de jaren 2010. De groei van de investeringen in vaste activa in Zuid-Amerika (-1,1%) was minder dan de groei van de investeringen in vaste activa in de wereld (4,1%), was minder dan de groei van de investeringen in vaste activa in Amerika (2,9%).

Vergelijking met subregio's. De investeringen in vaste activa van Zuid-Amerika was 2,5 keer groter dan in Centraal-Amerika (US$310,3 miljard) en 14,9 keer groter dan in de Caraïben (US$52,7 miljard); maar 5,1 keer minder dan in Noord-Amerika (US$4,0 biljoen). De investeringen in vaste activa per hoofd in Zuid-Amerika was in Zuid-Amerika3,6% groter dan in Centraal-Amerika (US$1.849,9) en 50,7% groter dan in de Caraïben (US$1.271,2); maar 5,9 keer minder dan in Noord-Amerika (US$11,3 duizend). De groei van de investeringen in vaste activa in Zuid-Amerika was minder dan in de Caraïben (4,3%), in Noord-Amerika (3,7%) en in Centraal-Amerika (2,2%).

Leiders. De investeringen in vaste activa van Zuid-Amerika in de jaren 2010 bestond uit: Brazilië (50,7%), Argentinië (10,9%), Venezuela (9,3%), Colombia (9,2%), Chili (7,7%), en andere (12,2%). Het aandeel van de investeringen in vaste activa in BBP van de leiders: Venezuela (24,0%), Chili (22,9%), Colombia (21,9%), Brazilië (18,4%) en Argentinië (15,5%). De bruto-investeringen in vaste activa per hoofd in Zuid-Amerika onder de leiders: Chili ($3.363,1), Venezuela ($2.488,6), Argentinië ($1.997,2), Brazilië ($1.955,6) en Colombia ($1.522,0). De groei van de investeringen in vaste activa onder de leiders: Colombia (4,7%), Chili (4,1%), Argentinië (1,3%), Brazilië (0,067%) en Venezuela (-19,5%).